新潟 戦争の記憶

JN064284

新潟日報

はじめに

戦後75年だった2020年、県民のみなさんに戦時の記憶を募りました。思いがけないほど、多くの方に話を寄せていただきました。

紙面に体験談募集のお知らせを載せてからの数日間、そして数週間を思いだします。

どんなふうに、どんな話を書けばいいのか、朝からご高齢の方が電話を掛けてきてくれました。中には耳が遠い方も。わたしたち記者は編集フロアに響くような声で説明しました。

終戦時に15歳だった方は、90歳になっています。戦地で戦った経験のある方は、100歳を超える人が少なくありません。

一連の会話は失われていく記憶を、どうとどめるかの端緒のようにも映りました。

戦後75年の紙面企画は年の暮れまで続きました。夏をすぎたら「おしまい」にしたくなかった。終戦報道が夏に集中する「8月ジャーナリズム」という見方に抵抗したい意地が少しありました。正直なところを明かせば―声をもっと聞きたかった。これが本音です。貴重な声をとにかく聞きたいと願いました。

戦禍を忘れ去ることなく、その悲しみを継いでゆく。どう若い世代に伝えていくか、これからもさぐっていきます。

取材班キャップ　井川恭一

新潟　戦争の記憶

目次

〈おことわり〉
本書は新潟日報に掲載した企画「にいがた戦後75年」などを再構成したものです。年齢、所属、肩書などは掲載当時のものです。

「空襲から復興へ」写真カラー化プロジェクト

空襲で焼けたがれきが残る長岡市の大手通り。長岡駅側
から信濃川方面に向かって撮影された＝1945年11月ごろ
（長岡戦災資料館所蔵の白黒写真をカラー化）

長岡空襲写真 カラー化

戦禍の記憶 次代へ

1945（昭和20）年8月1日の長岡空襲の被害や復興した街の様子などを収めた白黒写真7枚が、人工知能（AI）の着色技術と空襲体験者の証言を基に初めてカラー化された。長岡市が東京大大学院の専門家、新潟日報社と共同で、実際に近い色合いを再現した。終戦から75年がたち空襲体験者が少なくなる中、記憶の継承に役立てる考えだ。

空襲から復興 鮮明に

長岡空襲は県内唯一の大規模爆撃で、米爆撃機B29の焼夷《しょうい》弾により市街地の約8割を焼失し、1488人が犠牲になった。

写真は日中戦争開戦後の37（昭和12）年から、戦後復興期の55（同30）年までに長岡市などで撮影された。空襲で焼け野原となった市街地や出征する兵士と家族、復興を遂げた長岡駅前のにぎわいなどを捉えている。

同一の写真を白黒、カラーの両方で何度も学習させ、彩色のパターンを覚えさせたAIを使って着色。体験者に写真を見てもらって話を聞き、修正した。原爆投下地の広島などで同様の取り組みをした東大大学院の渡邉英徳教授（情報デザイン）が着色を担当。新潟日報社が聞き取りに協力した。

45年11月ごろに撮影された大手通りの写真は、道沿いに茶色のがれきが残る一方、空襲後に突貫工事で建てたとみられる建築物もあり、復興へ向かう様子が伝わってくる。体験者の証言から、通りを歩く女性の白いおんぶひもや衣服の色などを類推した。

市は写真を近く市内で展示し、2021年にはウェブサイトでも公開する予定。市イノベーション推進課は「空襲体験者の心象風景や当時の出来事をよりリアルな形で見てもらい、次世代に記憶をつなぐ足掛かりにしたい」としている。

1945年

無差別爆撃 色彩奪う

8月1日の長岡空襲では、米軍のB29爆撃機125機が投下した焼夷弾が約1時間40分

4・5ページのもとの白黒写真

にわたって雨のように降り注ぎ、市街地の約8割が焼失した。写真❶の表町地区は、円形に描かれた爆撃目標地の中心点に近かった。建物は焼け落ち、がれきの山が広がる。着色しても、黒や茶色が目立つ荒涼とした光景だ。

通りにがれきはなく、長袖姿の男性たちが行き来していることから、9～11月と推測される。右奥の塔のある特徴的な建築物は長岡六十九銀行（現北越銀行）。赤れんが造りの建物が焼け残り、左には白壁が剝がれたような土蔵が写っている。

空襲当時、表町地区から1、2キロ離れた所に住んでいた今泉恭子さん（81）によると、住宅跡のがれきは住人が取り除くしかなかったため、犠牲者の住宅などはしばらく片付かなかったという。「自分の気持ちを反映してか、当時の風景は暗かったような印象だ。片付けて疎開先に戻って、を繰り返す日々だった」と苦労を語った。

写真❶長岡空襲で焼失した市中心部の表町地区＝1945年（長岡戦災資料館所蔵の白黒写真をカラー化）

1945年

疎開児童 帰京前にパチリ

故郷に帰れる喜びの笑顔がより鮮明になった。長岡市柿町の広西寺の山門前に並ぶのは、東京から疎開していた駒沢国民学校の児童や教員ら約60人。終戦後の1945年10月ごろ、帰京を前に撮影されたものだ。

戦時中は戦局が悪化するにつれ、地方への集団疎開が進んだ。駒沢国民学校の卒業生がまとめた記録によると、同校から長岡への第1陣は44年9月。料理店などに分散して滞在した。緑に囲まれた広西寺では、子どもたちは毎朝近くの小川で洗顔し、キノコ採りを楽しむこともあった。

写真❷の女児は当時よく見られた紺色のセーラー服、男児はそろいのカーキ色の服を着ていたとみられる。地元の子どもは素足も多かったというが、前列の全員に履物が確認できる。

広西寺の前住職で当時14歳だった鷲尾公雄さん（89）は、本堂で児童が寝泊まりしていたことを覚えている。「親元を離れてかわいそうで、こちらからは話し掛けられなかった。無事に帰ることができて本当によかった」と語った。

写真❷疎開していた長岡市柿町の広西寺から東京に戻る前、集合写真に収まる駒沢国民学校の児童たち＝1945年10月ごろ（長岡戦災資料館所蔵の白黒写真をカラー化）

1950年

産業博覧会46万人どっと

１９５０年７月、戦災復興の促進と地域の産業振興を目指し、県産業博覧会（長岡博）が現在の神田小（西神田町２）の辺りを会場に開かれた。43日間の会期中に延べ46万人が来場した一大イベントは、長岡経済が再生する転機となった。

写真❸復興をアピールした県産業博覧会の様子＝1950年夏（市文書資料室所蔵の白黒写真をカラー化）

中央に写るのは、紅白の色をした船をあしらった展示館「産業丸」。万国旗がたなびき、多くの人でにぎわっている。モダンな自動車やバスも見られる。会場には、物産館や演芸館、テレビジョン館などの娯楽施設が並び、長岡の復興を全国に発信した。

当時、会場近くの高校に通っていた金子登美さん（86）は「芸者が毎日詰め掛け、会場で踊っていたことを覚えている。それまで何も楽しみがなかったから、私も街じゅうも、うきうきしていた」と胸躍る記憶を呼び起こした。

1955年

大手通り再生急ピッチ

長岡空襲から10年がたった１９５５年。長岡駅前と大手通りは復興を遂げ、戦災の爪痕が見当たらない。近代都市をイメージして街路を拡幅し、現在の街並みの原型ができた。駅前広場には平和像（現在は平和の森公園に移転）が設置され、市民の慰霊と平和への願いを象徴した。

県内で唯一の大規模爆撃を受けた長岡は、近隣自治体の支援も受けて急ピッチで復興が進められた。『長岡市史』によると、空襲翌年の46年には住宅の半数近くが再建された。53

写真❹長岡空襲から10年で近代的な都市へ復興を遂げた長岡駅前と大手通り＝1955年（市所蔵の白黒写真をカラー化）

年、全国の戦災都市で最速となる復興都市計画事業の完工式を行い、55年には一部の清算事業などを除き、全事業が終了した。

駅前広場は、緑や池がある憩いの場となり、通り沿いには大きな商業用看板が並ぶ。バスや自動車が行き交い、街には活気が戻っている。大手通りの近くに住んでいて空襲を体験した今泉弥さん（86）は「区画整理のため、せっかく建てたバラックを動かすことが当たり前にあった。よく10年で復興がまとまったと思う」と感慨深げに語った。

よみがえる心の風景

1937年

「めでたい」父出征の宴

一張羅着て戦禍の影なく

一家の大黒柱を戦争に送り出す身内の表情に、暗い影は感じられない。日中戦争が始まった1937年、清水誠一さん（88）＝長岡市弓町2＝の父健治さんが陸軍に志願して中国に渡る前に撮影した祝宴の写真をカラー化した。誠一さんは「色合いは本物にそっくりだ。白黒をずっと見てきたが、こっちの方が懐かしい」と目を輝かせた。

宴は現在の自宅とほぼ同じ場所にあった清水家に親族や父の友人を招き、にぎやかに催した。宴会好きの父は一張羅のちょうネクタイで臨み、既にほろ酔い顔だ。当時36、37歳。周囲の女性たちは日章旗や、のぼり旗を手に、ほほ笑む。

健治さんの隣で親族に抱えられた当時4、5歳の誠一さんも、父の出征は国を守る名誉なことだと信じていた。「大人になったら兵隊に行くもの。『ああ、いかった』と思ったよ」と語る。

健治さんの周りにはとっくりが並び、盆には魚料理が見える。当時のごちそうといえば、焼いたイワシや野菜の煮物、のっぺなどだったという。

戦地に向かう父を送り出した時の心境を語る清水誠一さん＝長岡市弓町２

清水健治さん（前列右から３人目）の日中戦争出征祝いでの記念写真。左が誠一さん。集まった親戚や知人の柔らかな表情から、宴席の和やかさが伝わってくる＝1937年、長岡市弓町の清水さん宅（誠一さん提供の白黒写真をカラー化）

清水さんは日中戦争が始まった頃と、41年の太平洋戦争突入後では、兵士の壮行時の雰囲気が変わったと感じた。「最初は『めでたい』と言っていたのが、だんだん戦局が悪くなってくると、若い人は悲壮だったのではないか。本当の気持ちは」と思い返す。

健治さんは中国南西部の重慶の辺りに出征し、幸い終戦までに無事帰ってきた。酒を飲むと好んで軍歌を歌うようになったという。「ここはお国を何百里離れて」。誠一さんがふと、歌の一節を口ずさんだ。

「戦意高揚のための歌で、みんなが踊らされていた」とつぶやいた。

1938年

5人家族 一番幸せな頃

空襲犠牲者の父姉と共に

「カラーにすると人が生き生きとしているように見える。まるで血が通ったようね」。長岡空襲で父忠治さんと姉ミスさんを失った金子登美さん（86）＝長岡市台町1＝は目を細める。長岡戦災資料館でボランティアをする際、名札の裏にしまっている大切な家族写真をカラー化した。

家族５人がそろい、幸せだった日々に思いをはせる金子登美さん＝長岡戦災資料館

1937年に始まった日中戦争に出征した忠治さんが病気のため帰国した際、村松町（現五泉市）の陸軍病院で38年に撮影された。忠治さんは当時36、37歳。登美さんたちは見舞いに長岡から駆け付け、再会の喜びを分かち合った。

AI技術で着色後、聞き取りを通じ、登美さんは当時よく着ていた服の色を思い出した。4、5歳だった自身の服は「黄色みがかった薄いクリーム色」、7歳上のミスさんは「薄い草色」。それぞれ模様もある。母ミヨさんは薄ねずみ色や小豆色の和服を着ることが多かったという。「久しぶりに父に会えるから、おしゃれをして出掛けたのかな」と回想する。

詳しい撮影日時は不明だが、兄孝一さんの学生帽に日よけの白いカバーがかけられていることから、登美さんは「夏に近い時季かもしれない」と推測する。

日中戦争に出征し、病気で引き揚げた金子忠治さん（中央）を見舞った家族の写真。忠治さんに抱かれているのが登美さん、奥が登美さんの母ミヨさん、右が姉ミスさん、左が兄孝一さん＝1938年、村松町（現五泉市）の陸軍病院（登美さん提供の白黒写真をカラー化）

「きかんぼう」だった末っ子の登美さんを抱きかかえる忠治さんの表情は柔らかい。この後回復し、料理店を営んだ。「お嬢さまみたい」だったミスさんもかわいらしい笑顔を浮かべる。家族水入らずのだんらんだ。

幸せな日常は写真から7年後、長岡空襲によって奪われた。家族で火の海となった街を逃げ惑う中、忠治さん、ミスさんと離ればなれになり、2人は戻ってこなかった。5人がそろった家族写真はこれしかない。

「あんな別れが来るなんて思いもしないから。今思えば、この時が一番幸せだった。こんな写真はもう二度とないもの」。思い出に、静かに浸った。

人の手で修正、増す臨場感

東京大大学院・渡邉英徳教授

長岡空襲の写真の着色作業を担当した東京大大学院の渡邉英徳教授(情報デザイン)は、広島市などで先にカラー化を手掛けた。取り組みの意義や評価を語ってもらった。

白黒写真をカラーにすることで、人の表情がより伝わり、場面の情景にも臨場感が出てくる。見る人の心をより引きつけることができる。

ただ、人工知能(AI)による着色は万能ではない。当事者に話を聞くことで修正を重ねる。その過程で体験者の記憶がよみがえったり、当時の気分や生活へと話題が広がったりする。カラー化は新しい表現の手段であり、過去を掘り起こす対話のきっかけになるはずだ。

今回の7枚のうち金子さん一家の写真は、白黒だと姉妹の服の模様まで分からなかったかもしれない。金子さんの思い入れが強かったからこそ、服の色が再現できた。

疎開児童の集合写真は、児童の楽しい声が聞こえてくるかのようだ。写真に込められている人々の思いがより具体的に伝わるようになったと思う。

長岡をはじめ、空襲に遭った全国の都市には共通する話がある。空襲から復興へというストーリーだ。その推移を追ってカラー化した写真は地元のみならず、他の都市にとっても地域を見つめ直す機会になる。過去を考えるトリガー(きっかけ)となる可能性に期待している。

戦争、平和語り継ぐ一助に

樋口耕勇(長岡支社報道部)

平成2年生まれの私にとって白黒写真に写る出来事は、はるか昔の時代という印象があった。戦時中の白黒写真を見て、悲惨な被害に心を痛めながら、どこかで距離も感じていた。

だが、カラーにした今回の写真を見た時、被写体の生き生きとした表情に、洋服の鮮やかさに、親近感を覚えた。色彩があるだけで歴史の一こまになっていた人々の営みが近くにあるように感じられた。カラー化は、若い世代が戦争を自分に引きつけて考える一助になるはずだ。

被写体の細部がリアルさを増すことで、空襲の体験者にとっても記憶を呼び戻すことになった。金子登美さんは聞き取りを通じ、幼い頃によく着ていた服のことを思い出してくれた。聞き取りによって、写真の持つ資料的な価値を引き出す可能性も見いだせた。

金子さんは２０２１年6月に87歳で亡くなった。カラーになった写真を見て「家族がそろったこの時が一番幸せだった」と懐かしむ姿が忘れられない。大切な語り部をまた1人失ったことに、悲しみと焦りを強く感じる。

カラー化の取り組みは続いている。一人でも多く当時を知る人に話を聞き、心の風景と思いを記録したい。掘り起こせる記憶はまだまだあると信じている。(21年6月追補)

県人たちの戦場

記録が語る失われた命

大陸で、島で、洋上で県人は戦った。戦後75年。先の大戦が遠くなっている。１９３７年の日中戦争開戦から45年の終戦まで、戦域はアジア・太平洋のほぼ全域に及んだ。軍人・軍属の戦没者数は、内地を含めて約7万３０００人に上る。県人は戦地でどう過ごし、戦ったのか。その一端をつかもうと、歩兵１１６連隊（新発田）の生還者たちが戦後にまとめた戦没者名簿に着目した。さらに生還者らの証言や残した資料を読み解くと、戦地に赴いた県人の置かれた状況が浮かんでくる。その記録と記憶を基に戦史を探る。

戦没者は7万3千人

アジア・太平洋全域に

１９４５年の終戦時に陸・海軍の軍人、軍属として勤務していた本県関係者は、県が１９７２年に発行した『新潟県終戦処理の記録』によると、約30万１３００人に上る。当時の県人口は約２３９万人で、12％強に相当する。このうち国内の部隊には約11万４８００人が配置されており、相当数が海外の戦地にいたことがうかがわれる。

市町村別の戦没者や軍の在籍者数をみると、明治時代にあった約４３０の市町村のすべてから人々が戦地へ赴き、亡くなっている。

１９３７年の日中戦争からの戦没者は軍人・軍属だけで約7万3千人に及ぶ。県が公表する県内の推計人口（２０２０年7月1日時点）に照らし合わせると、現在の20〜27歳の男性すべてとほぼ同じ数だ。

北方の島々から中国、東南アジア、南太平洋まで広がった戦域の中で、最も死者数が多いのが中国だ。県の記録では軍人、軍属だけでも1万６９１６人（雲南省除く）が命を落とした。中国大陸には本県から歩兵16連隊（新発田）、歩兵58連隊（高田）などが派遣された。

16連隊はガダルカナル島やビルマ（現ミャンマー）、中国・雲南省を転戦、イラワジ会戦などで多大な死傷者を出した。58連隊はビルマ・インドの国境近くで展開されたインパール作戦に主要部隊として参加するなどした。激戦が繰り広げられた地域は死者も多い。

これら本県に所在した主要な部隊以外にも、多くの県人が所属していた。地域別で2番目に戦没者が多いフィリピンでは、1万２２７３人が亡くなった。本県出身者の多い部隊を含む歩兵75連隊などが戦った。

『終戦処理の記録』では、終戦時に県人が所属した部隊として1千以上の部隊名が並ぶ。「本県関係主要部隊略歴」も紹介しており、主な部隊の終戦時の位置＝次ページ図・県関係の主要部隊＝を見ても、至る所に県人の姿

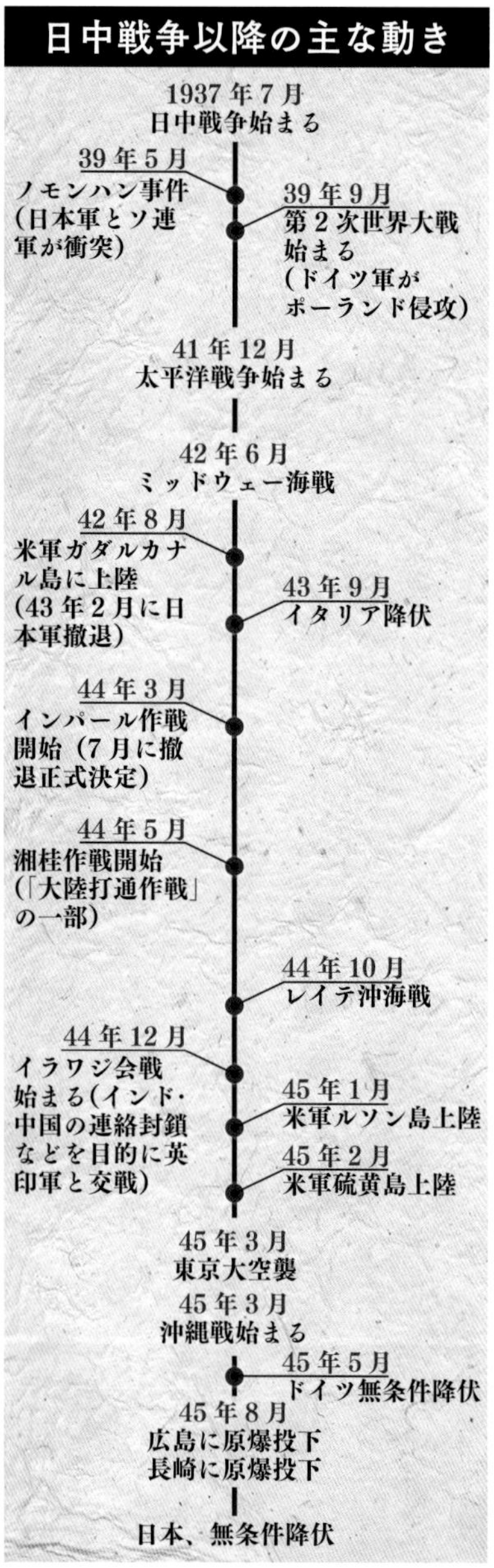
日中戦争以降の主な動き
1937年7月
日中戦争始まる
39年5月
ノモンハン事件（日本軍とソ連軍が衝突）
39年9月
第2次世界大戦始まる（ドイツ軍がポーランド侵攻）
41年12月
太平洋戦争始まる
42年6月
ミッドウェー海戦
42年8月
米軍ガダルカナル島に上陸（43年2月に日本軍撤退）
43年9月
イタリア降伏
44年3月
インパール作戦開始（7月に撤退正式決定）
44年5月
湘桂作戦開始（「大陸打通作戦」の一部）
44年10月
レイテ沖海戦
44年12月
イラワジ会戦始まる（インド・中国の連絡封鎖などを目的に英印軍と交戦）
45年1月
米軍ルソン島上陸
45年2月
米軍硫黄島上陸
45年3月
東京大空襲
45年3月
沖縄戦始まる
45年5月
ドイツ無条件降伏
45年8月
広島に原爆投下
長崎に原爆投下
日本、無条件降伏

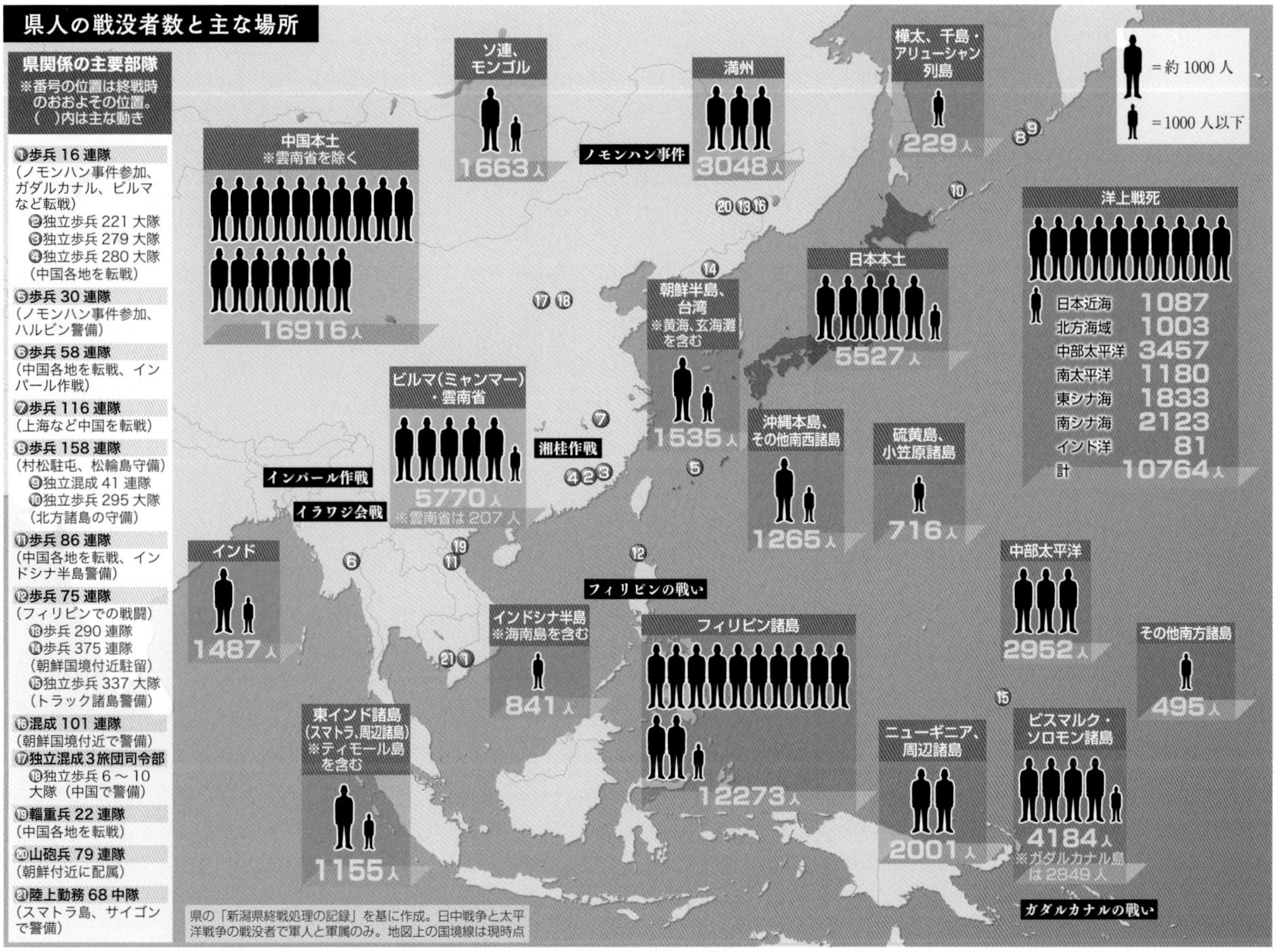

があったことが分かる。

市井の人々も戦争に巻き込まれた。本土は空襲を受け、本県でも長岡空襲で約1500人が犠牲になるなどの被害が出ている。

ほかにも終戦時に約7万8千人が開拓団などで海外に身を置いた。亡くなった人、未帰還だった人もある。しかし、こうした人々は「戦死」などの記録には含まれない。県も正確な実態は把握できていない。

『百十六連隊名簿』に見る死者数・死因

大きな戦闘、コレラ流行 二つの傾向が顕著

今回焦点を当てた『歩兵第百十六連隊戦没者名簿』には、4174人の名前が記されている。その96%が県人という郷土部隊だった。亡くなった日や理由の分析では、戦死者が多い時期がある一方、終戦前年の1944年には病死が戦死を大きく上回るときもあった。連隊史や生還者の証言、戦中の記録とも照らし合わせると、戦場のさまざまな様相が見えてきた。

戦没者名簿には氏名、戦死や戦病死といった亡くなった理由と年月日、出身地などが載っている。県内の連隊レベルで、ここまでまとまった戦没者の記録は珍しい。新潟日報

社は戦没日不明者らを除いた4146人分について分析。年代、死因別にまとめた＝左グラフ＝。

　新発田に所在した116連隊は、日中戦争の始まった2カ月後の37年9月に編成された。編成時の人員は5300人ほど。翌10月、中国に送り込まれ、各地を転戦しながら、中国国内で終戦を迎えた。

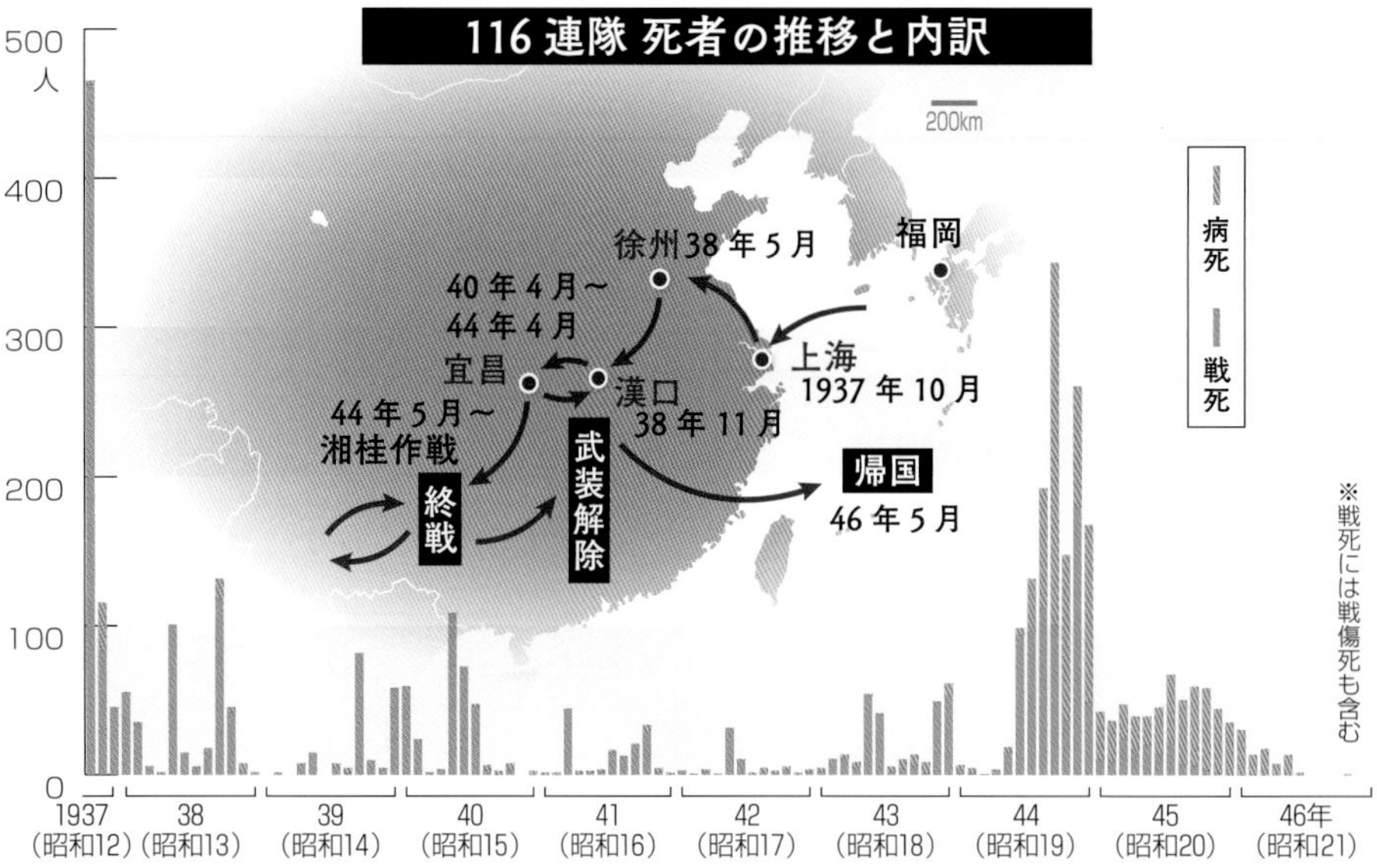

　死者が多くなるときには主に二つの傾向がある。一つは大きな戦闘に参加したときだ。

　中国に渡った37年10月、上海周辺の戦いに参加した連隊は、この1カ月だけで463人もの戦死者（戦傷死を含む）を出した。連隊の最終的な死者総数の1割以上がこの月に集中した。

　また南京占領後に徐州で激しい戦闘となった38年5月に101人、漢口（武漢）攻略中の38年9月に118人と、100人を超す戦死者を出した月がある。

　もう一つの傾向は、病死者の増加だ。44年、中国内の敵飛行基地を抑えるために2千キロ以上の行軍を強いた大陸打通作戦中、コレラが流行した。同9月の戦死者100人に対し、病死は2・5倍の244人にも上った。病死は10月も111人、11月が81人と多かった。

　41年から4年余り従軍した旧能生町（現糸魚川市）出身の医師杉本雄三さん＝2004年に90歳で死去＝は手記で当時の様子を書き残している。

　コレラが蔓延《まんえん》していた44年11月、軍医の杉本さんは病気の兵に「ウンと水でも飲んでおけ」としか、言えなかったという。そして「今の私たちには施すべき何の策もなかった。伸びきった補給路に、注射薬はおろか、手の消毒薬さえないのだ」と無力感をにじませた。

　一方で、警備や作戦準備のため、戦死や病死がほとんどない月が続くこともある。例えば42年7～12月の半年間の戦死、病死者は計22人。『歩兵第百十六連隊概史』（大坪進編著）に掲載された当時の連隊長の日誌には、将校の送別会を開いたり、「新潟県慰問演芸団」が来たりしたことがつづられている。

後世へありのままに

名簿取りまとめに尽力

　今回分析に使った『歩兵第百十六連隊戦没者名簿』は1992年3月、連隊の歴史、将兵の手記をまとめた『祖父たちの戦場（続）』の「余録」という形で刊行された。戦没者を当時の112市町村別に掲載している。

　編さんの中心となったのは佐渡市（旧両津市）出身の市橋長市さん＝1999年、81歳で死去＝。連隊第2大隊で副官を務めた。

　戦没者名簿は、連隊の書記だった隊員が持ち帰った原簿を元に、市橋さんをはじめ帰還者らが確認に当たった。

　妻のキヌさん（94）は「戦友会の仲間とよく連絡を取っていた。まとめるようなことも好きだったのだと思う」と振り返る。

　市橋さんは『祖父たち―』の巻頭で、歴史

『歩兵第百十六連隊戦没者名簿』の取りまとめに力を尽くした市橋長市さん（右）＝1943年末、中国（『祖父たちの戦場』より）

を伝えることを意識し「後世に戦場の実相をありのままに伝える手記、記録を残し、英霊の願いに応えたい」と記した。「あまりにも高い代償」（市橋さん）となった、一人一人の命の重みを伝える貴重な資料となっている。

隊の〝胃袋〟支え奔走

コメや野菜がなく現地で調達

「内地から来るのなんて当てにならんからね。だから現地で徴発する。コメに大根、ジャガイモ、ネギだとかさ」

42年に軍隊に入り、１１６連隊の一員として中国各地を転戦した関崎悌二さん（98）＝三条市＝は、２００人ほどいる中隊の食糧確保が主な任務だった。

「食っているものは日本も中国も一緒。食糧の交渉で、しょっちゅう住民と話していた。結構、兵隊に中国語が達者なやつがいたんだ」と振り返る。

隊の〝胃袋〟を支える役回りの中、「コメがなかったり、副食がなかったり、それが一番切なかった」と苦労を思いだす。農家を懸命に回った。「銭を払わないこともあった。軍でも認めていること。マンマを食うにはそれしかない」

食糧確保を担う「経理室」にいたため、「鉄砲を持って戦うことはあまりなかった」が、いざ戦闘となれば仲間の救出に加わった。「毎日一緒に生活していた人が突然亡くなっていく。仕方ないことではあるけれど、気の毒だった」

戦闘がないときは、仲間とよく一緒に集った。「今度の戦場がどこになるんだ、この間の戦場はどうだったという話ばかり」で近況を語り合った。「演芸もあって、そのときはみんな大はしゃぎ」と振り返る。つかの間の休息が、兵士の心を支えた。

「最前線は、いつ敵が来るか分からない。倒れた仲間を何人も医務室に運んだ」と戦場の様子を語る関崎悌二さん＝三条市帯織

中国南部の湖南省で終戦を知った。武装解除の場では「持っているものを全部、鉄砲も軍刀も歩きながら置いていった」。中国の兵が監視しており、「敵討ちだと、撃たれたらどうなるかと緊張した」と語る。

「当時は召集令状が来れば、みんな行くと思っていた」という戦場。いま振り返り、「国のためにと出たんだけど、戦死は余計なことだった」と、命を落とした戦友を悼んだ。

前線日記に生々しく

銃砲火の中に一夜　死体の側に寝ていた

佐渡市（旧相川町）の飯山弘さん（88）は5歳のころ、１１６連隊に所属していた父留次郎さんを日中戦争で亡くした。まだ33歳だった。「面影もよう覚えておらんだわ」と弘さんは寂しげに語る。父の遺品は今も大切に保管している。日記には戦死前日までの前線の様子が生々しく記されている。

ひと月当たりで最も多い戦死者４６３人を出した１９３７年10月、留次郎さんは新発田をたち、出征した。日記を書き始めた21日からの10日間は特に激戦だった。上海周辺で４４７人が亡くなった。

分隊長の留次郎さんは24日の日記に「昨夜、バンザイの声、３回聞こゆ」「銃砲火の中に一

飯山留次郎さん

夜を明かしてみれば、死体の側《そば》に寝ていた。死体はゴロゴロ」

と記している。25日も「大隊長戦死。負傷者の来るたび、涙が出た」「突撃。ただ今3名の負傷者が来た。次22名」と被害が広がる様子を書き込んだ。

前線では同郷の兵士を助けてもいる。「昨夜の銃声はものすごかった。今朝杉山万平の負傷、右顔面より肩に手榴弾《しゅりゅうだん》、いろいろ世話をして9時、担架にて病院に送った」（26日）とある。その杉山さんは戦後、弘さんに「（留次郎さんが）杉山ではないかと、強く揺り起こしてくれた」と感謝の気持ちを伝えている。

日記には「銃声」や「砲声」のほか、「突撃」という言葉が何度も出てくる。近距離での攻防が伝わる。

激戦の10月が終わり、留次郎さんの部隊は11月初め、いったん後方に下がる。11月の連隊の死者は前月に比べると4分の1だった。

日記には食糧調達の様子も出てくる。「ロトウチンにて食べ物の徴発。ニワトリ2羽、米、小豆、イモ」（15日）とあるほか、別の日にはアヒルや豚も手に入れている。

11月下旬は再び、前線へ。日記の記述の量はこれまでより少なくなり、29、30日は日付と天気が書いてあるだけ。死の前日に当たる12月1日には「昨夜、7時より羊トウ山に夜襲」と書き込み、日記は終わった。そして２日、上海から１００キロほど離れた江陰攻略の戦いで頭に銃弾を受け、亡くなった。

弘さんは「あの日記、よくメモったもんだ」と驚きつつ、「やっぱり戦争は酷なもんだ」と話す。

父留次郎さんの遺影と遺品を前に「亡くなった母は、戦争は絶対駄目だといつも言うとった」と話す飯山弘さん＝佐渡市相川米屋町の自宅

父の記憶が曖昧な弘さんはだいぶ昔、夢で留次郎さんと会ったことがある。「『いま戻ったぞ』『あれ、父ちゃんどこにおったん』というぐらいの短い夢だった」が、驚いて家族みんなに伝えた。

ただ、夢に出てきたのは、その1回だけ。「父さんのことで、あんまり悲しんじゃだめだと母に言われて、あんまり思いださんようにしとったからかのう」

稲を刈って、アッというまに飯にした

兵士の日常スケッチ

「部隊全員の下痢、いや恐らく師団全員が下痢をしていたであろう」

「収容所は屍臭《ししゅう》が立ちこめ、それが負傷患者にも及んで惨憺《さんたん》たる様相を呈していた」

１９４４年夏、中国・漢口（武漢）から南方数百キロ、衡陽《こうよう》付近の様子だ。連隊の戦没者名簿で、44年6月以降に戦病死者が急増する時期に当たる。

描写したのは１１６連隊に医師として4年余り従軍した旧能生町出身の杉本雄三さん＝２００４年に90歳で死去＝。戦地の詳細なメモとともに、あり合わせの道具を使い、帳面16冊分に描いたスケッチも残した。

戦闘の様子はほとんどなく、行軍する兵や

部隊の日常の風景、駐留した地の町並みや地元民の姿が多い。

　連隊の司令部は39年ごろから宜昌《ぎしょう》付近に滞在した。連隊史などによると、各部隊が分散し、警備などの任に就いていた。戦没者名簿を見ると、40年末から44年の初めごろまで、戦死者の発生は散発的な時期が続く。スケッチには休みの日に舟に乗り、釣り糸を垂らす兵士の姿も見られ、戦場にも比較的平穏な日々があったことがうかがえる。

　常徳という街を攻略する作戦期間中だった43年12月のスケッチでは、兵士が米を唐箕《とうみ》で選別し、もみすりをしていると見られる情景が描かれる＝絵(下段)＝。絵には「米がなくなれば、兵は稲を刈って、アッというまに飯にした」との説明文が付く。部隊が食糧を調達していた様子の一端を知ることができる。

　ただ、その間にも戦闘が行われ、「おやぢを抱く当番兵」と記された絵では、上官の遺骨と見られる白い包みを首から提げて行軍する兵の姿が描かれている＝絵(上段)＝。

　連隊は44年5月ごろから、拠点を移しながら戦闘を重ね、この後、病死者が増え続ける時期を迎える。そして中国内陸部で大規模に展開された「大陸打通作戦」が本格化し、湘桂作戦で苛烈な戦闘を重ねていく。

　戦後、杉本さんは戦地で残した膨大なメモやスケッチを1冊の画集『遙《はる》かなる山河』にまとめた。

　なぜ杉本さんは画集を残したのか。巻頭に、戦争とは一体何なのか、記録を公にすることが何を意味するのかについて、「今なお私に判《わか》らない」と記している。

　息子の駿さん(72)＝兵庫県川西市＝は、「戦地について、みんなに知ってもらいたいという思いがあったのだろう」と推し量る。

　杉本さんは記録を残すことで、後世に問い掛けた。

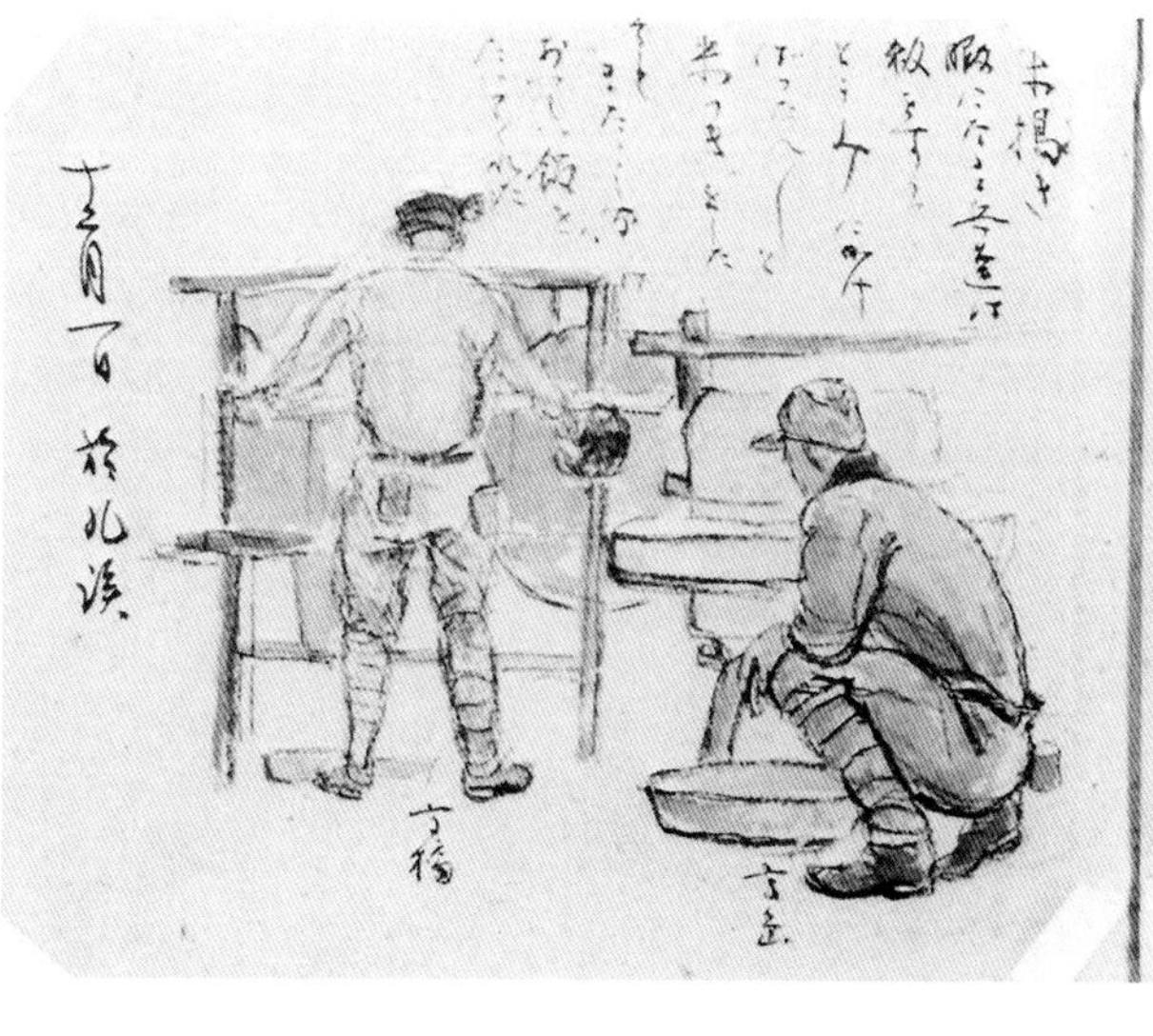

戦時下の教育　勉学よりお国のため

教育現場も戦争色に染められていった―。この写真は1942年撮影。旧制佐渡中学校（現・佐渡高校）の生徒たちが、実戦さながらに銃を構えている。うつぶせになり、狙いを定め、引き金に指を掛ける。本来の勉学の時間は軍事教練に奪われていった。

終戦となる45年まで、子どもたちも学校を通じて、軍国主義をたたき込まれていった。どんな時代だったのか。当時の少年は、令和となった今、「おっかない時代だった」としみじみと語る。

天皇陛下　神さまだった

勉学よりも、戦争に勝つため国に奉仕することが子どもたちに求められた時代があった。80年ほど前に始まった太平洋戦争中の学校では、徹底した「軍国教育」が実践された。戦場で戦うための訓練をしたり、食糧増産や軍需工場の仕事に従事させられたりもした。軍国主義に染められていった当時を生き抜いた県人に、戦時下の教育がどのように行われたかを聞いた。

（報道部・小柳香葉子、井川恭一、高橋央樹、山崎琢郎）

授業

軍国主義徹底　奉仕求める

終戦で一転「途方に暮れた」

「天皇陛下は人間じゃない、神さまだった。歴史の始まりは神話で、弥生も縄文も習わなかった。子どもはみんな教育勅語を丸暗記させられたもんだ」

沼垂国民学校の5年生で終戦を迎えた新潟市中央区の山岸健治さん（85）は、戦時中の授業を思い出す。入学したのは1941年4月。尋常小学校から「皇国民を錬成」する国民学校に変わり、国に奉仕することを求めた教育がより進められた時期に当たる。

「トン、ツー、トンというモールス信号の授業もあった」と山岸さん。「赤と白の旗を持つ手旗信号も教わった。軍事色のある教育でした」と記憶する。

『沼垂校百年史』には41年度の時間割が載っている＝次ページ表参照＝。算数、図工など今と同じ教科名がある一方、修身や国史といった現在はない科目もある。

県内の学校教育に詳しい新潟青陵大の伊藤充特任教授（68）によれば、修身は明治からの教科で、今の道徳のように「人間としてどう生きるか」を中心に教えていた。それが41年に国民学校と変わってからは、「国に対してどうすることがいいのか」を問う内容が増えたという。

図工では「敵機から目立たないような色を学ぶ色彩教育があった。増産や節約を奨励するためのポスターも描かせた」と語る。

戦後は一転、軍国主義にかかわる教育は一掃される。県立文書館が所蔵する教科書『初等科國語《こくご》二』（42年7月発行）は、戦争や天皇をたたえる「神の剣」「軍旗」といった物語が黒塗りされたり、切り取られたりしている。

国史や修身は、教えること自体を禁じられた。終戦の時、旧制糸魚川中学（現糸魚川高校）2年生だった近藤博さん（90）＝長岡市＝は、「国粋主義、軍国主義が濃い修身、国史、地理の教科書はことごとく没収され、机は徹底的にチェックされた」ことを覚えている。「戦後の混乱期で、参考書もあろうはずがなく、途方に暮れた」

沼垂国民学校に通っていた山岸さんも終戦後、墨の入った教科書で勉強した。「天皇陛下が神さまだった時代が百八十度転換した」と感じた。

戦時中、学校で教わることは絶対と受け止めていたという。「当時は疑問を持たなかったが、育ち盛りのころの教育はおっかない」と75年前を思い起こした。

時間割

	月	火	水	木	金	土
1時間目	修身	読方	図工	理科	体操	修身
2時間目	地理	体操	算数	算数	綴方	図工
3時間目	音楽	国史	読本	地理	音楽	読本
4時間目	図工	算数	読本	国史	理科	算数
5時間目	図工	綴方	習字	読本	作業	算数
6時間目	剣道	作業	柔道	体操	作業	体操

『沼垂校百年史』を基に、1941年度沼垂国民学校５年男子の時間割を現代の様式に書き換えて作成

山岸健治さん

近藤博さん

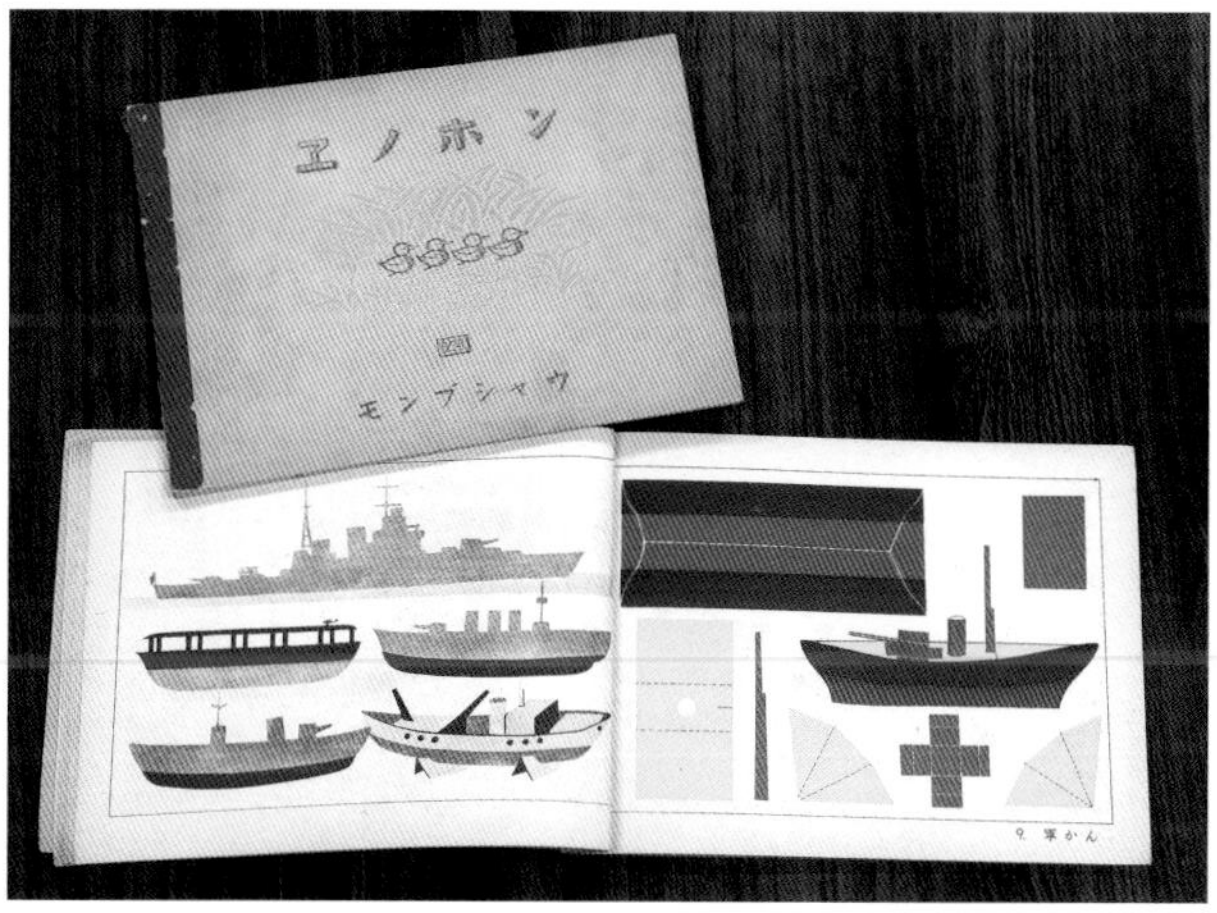

沼垂小学校で保管される国民学校時代の図工の教科書『エノホン』。兵隊や戦争の絵が載っている

県立文書館が所蔵する『初等科國語二』の教科書。すべて黒塗りされたページもある

教科書

「修身」や「国史」思想を刷り込む

軍国主義や国家主義思想の要素が強く、連合国軍総司令部（GHQ）が1945年12月に停止命令を出した「修身」「国史」「地理」。どのような教科だったのか。国立国会図書館デジタルコレクションで当時の教科書が公開されている。

『初等科修身一』には「み國《くに》のはじめ」「日本の子ども」などのタイトルの話が載っている。「日本は神様が始めた国」「戦場に出ない人も力を合わせて国をまもらなければいけない」といった記述がある。

「にいさん」という題名の話は、戦地に赴くことをたたえる内容だ。戦場でけがをして帰ってきた兄を持つ男の子が母親に「次は兵隊さんになる番ですね」と言われ、にっこりする。

日本の歴史を学ぶ「国史」の『初等科國史《こくし》上』は、最初に神武

天皇から続く歴代天皇の名前が並ぶ。第一章では、天皇の祖先に当たるとする天照大神が「日本の國の基《もとい》をおさだめになりました」と説明する。

日本は神の国という思想は「地理」の教科書にも現れる。『初等科地理上』は国土について「どうみても、日本列島はへいぼんな形ではありません」と説明。「アジヤ大陸の前面に立って、太平洋へ向かってをしく進むすがたが想像される」「大陸を守る役目をしてゐるやうにも考へられます」と記し、戦争を正当化するような記述もある。

当時の教科書について学習院大学文学部教育学科の梅野正信教授(65)は「日本の形がすごいと言われれば子どもはうれしくなる。物語を無邪気に読んだのだと思う」と指摘し、「3教科は戦時中の教育を象徴する。墨塗り程度では済まされなかったということだ」と説明した。

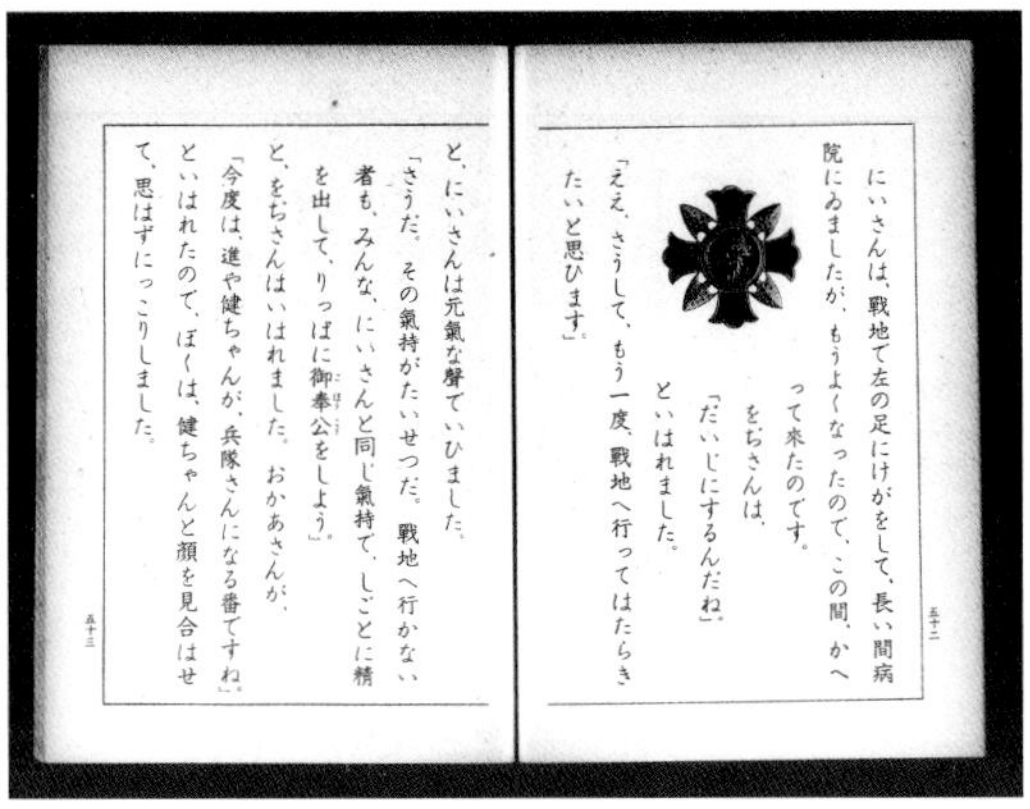

にいさんは、戦地で左の足にけがをして、長い間病院にゐましたが、もうよくなったので、この間、かへって來たのです。

をぢさんは、

「だいじにするんだね。」

といはれました。

「ええ、さうして、もう一度、戦地へ行ってはたらきたいと思ひます。」

五十二

と、にいさんは元氣な聲でいひました。

「さうだ。その氣持がたいせつだ。戦地へ行かない者も、みんな、にいさんと同じ氣持で、しごとに精を出して、りっぱに御奉公をしよう。」

と、をぢさんはいはれました。おかあさんが、

「今度は、進や健ちゃんが、兵隊さんになる番ですね。」

といはれたので、ぼくは、健ちゃんと顔を見合はせて、思はずにっこりしました。

五十三

国民学校で使用された修身の教科書(1942年2月発行)。戦争に行くことをたたえる話が載る(国立国会図書館デジタルコレクションより)

食糧増産

硬いグラウンド 鍬で耕し

食料不足だった戦時中は校庭を畑にし、野菜を育てた学校が少なくない。農作業は子どもたちが担った。

新潟市の沼垂国民学校の校庭も畑に変わった。山岸健治さん(85)は「グラウンドが全部サツマイモ畑にされた」と回想する。5年生で終戦を迎えたが「運動会は3年生くらいまでやったが、その後はやった記憶がない」と語る。

硬いグラウンドを子どもたちが鍬《くわ》で耕したという。学校の隣の堀ではコメも作った。

1941年に定められた「青少年学徒食糧・飼料等増産運動実施要綱」に基づき、1年間の授業のうち、30日以内は食糧や物資確保などの作業に振り替えることが可能になった。県内ではイナゴ取りや稲刈り後の落ち穂拾いが盛んに行われた。

市振村(現糸魚川市)出身の近藤博さん(90)は旧制糸魚川中学校時代、肥料となるふん尿を運んだことが忘れられない。身長の高い順で「肥やしだる」を背負わされる係になり、近藤さんも選ばれた。「ずしりと肩に食い込み、悪臭にへきえきした」という。

航空機の燃料にするため、松の根から抽出した松根油の採取にも携わった。「糸魚川の美山を開墾しながら赤松の根を掘った」「美山では戦後も食糧増産のための開墾作業は続けた」と記憶している。

多くの学校で校庭が畑に変わった。新潟商業学校で芋掘りをする生徒(新潟商業学校1941年度の卒業記念写真帳より)

宮城遙拝

皇居へ向かい一斉に敬礼

学校では授業以外にも、天皇陛下をたたえたり敬ったりすることが子どもたちに求められた。

学校の神棚に拝礼する子どもたち（白山尋常小学校1939年度の入学記念アルバムより）

その一つが宮城遙拝《きゅうじょうようはい》。宮城とは天皇が住んでいる皇居のことで、朝会や儀式の前などに皇居の方向に向かって敬礼した。体育館や教室に設けられた神棚に拝礼することもあった。

１９４５年３月に白山国民学校を卒業した新潟市中央区の木伏禮子《あやこ》さん（87）は「学校には畳敷きの礼法室があってそこでお参りしていた」と回想する。

入学時は尋常小学校だったが、入学記念のアルバムには子どもたちが学校の神棚や学校近くの白山神社で頭を下げてお参りした写真がある。「日本は神の国だから本当に神風が吹くと信じていたんですよ」と述懐した。

勤労動員

慣れぬ溶接　作業は夜も

慣れない溶接作業に苦労した。

旧制柏崎中学（現柏崎高校）に通っていた木《もく》露《ろ》美知雄さん（89）＝新潟市東区＝は３年生になった１９４５年４月から、理研柏崎工場（現リケン柏崎事業所）に勤労動員された。

高射機銃の台座づくりを任された。鉄板を溶接した経験はなく、工員に習いながらの手探り。火花が散る中、「目がやられないよう左手で覆いを持ち、やけどに気を使った」。

柏崎中からは、３年生約１５０人が動員された。１カ月ほどたつと、夜勤にも入った。夕方５時半ごろ工場に行き、午前３時ごろまで。「夜になると、眠くてね」とつらかった。

直江津町（現上越市）の信越化学工場で原石運搬をする直江津農商校の生徒たち（新潟日報事業社『県民の半世紀』より）

木露美知雄さん

働き手の不足を補うため、国は動員体制を強化していった。44年１月、中学３年生以上は年間４カ月を標準とし、順番に動員することを決定。その２カ月後の３月には「決戦非常措置」として４カ月の基準を撤廃し、対象を全学年に拡大した。

『県史通史編８』によれば、県内の動員人数は44年９月時点で、県内外の１０３工場、１万６７０６人に上った。

45年３月には「決戦教育措置要綱」によって、学校の授業を１年間、停止することが決まった。当時、動員された人には「授業どころではなかった」と振り返る声が少なくない。

一方、木露さんの柏崎中は工場内で授業を続けていた。中学の先生が来て1日3時間ほど勉強した。「英語も習っていた。敵の言葉だからだめということもなかった」と回想する。

終戦の8月15日は、工場の広場に集められ、玉音放送を聞いた。内容はよく分からなかったが、工場長を務めていた軍人が「負けたのは間違いない」とみんなに説明した。その上で「明日からは学校に戻れ。そして勉強をしっかりして、日本の再建のために頑張ってくれ」と呼び掛けた。

その一言は、木露さんに強い印象を残した。「頑張らんきゃだめだ」と前を向いた。戦後の新たな学校生活が始まった。

憧れ抱かせ戦地に導く

航空青少年隊　グライダーで〝飛行〟体験

「濁川村航空青少年隊志願票綴《つづり》」には8歳から17歳までの男子の名前がつづられている。新潟市秋葉区の南場平秋《ひらあき》さん(64)が20年ほど前に骨董《こっとう》市で手に入れたもので、「調べてほしい」と新潟日報社に預託した。隊の結成式の式次第や、明治神宮国民錬成大会への出場記録などもあった。

航空青少年隊は、飛行機に憧れを抱かせることで、子どもを軍隊に導く組織だったとされる。旧新潟市など他の市町村にもあった。航空技術を学んだり、模型飛行機を作ったりした。

濁川村航空青少年隊の資料によると、太平洋戦争開戦直前の1941年11月9日に結成式を行っていた。村は現在の新潟市北区。濁川小学校の記念誌にも、同じ日に当時の国民学校で行われたと書かれている。

地域の歴史に詳しい、同区の伊藤昇さん(92)は「隊の名前は聞いたことがない」とするが、志願票に名前があったほとんどの人を知っていた。同年代だった。

同区の大島隆男さん(88)はグライダー(乗用)の会が神宮大会に出ていたことを知っていた。「国民学校でグライダーの練習を見ていた。型紙があり、竹ひごを使って小さな紙グライダーを作ったことがある」と回想する。

南場さんの資料には、濁川村航空青少年隊が42年の第13回明治神宮国民錬成大会に出場した記述もある。茨城県石岡町(現石岡市)で開かれた「滑空訓練」で、同じ大会には小千谷中学校も出場していた。

伊藤さんの同級生、中川好次さん(92)はその名簿を見て「俺の名前があるんだね」と驚いた。隊員だった記憶はないが、グライダーのゴムを引っ張ったことは覚えている。

航空青少年隊の志願票には名前がなかった伊藤さんだが、尋常小学校卒業後に農業をしながら通った青年学校ではグライダー部に入っていた。「乗れると思って一生懸命ゴムを引っ張ったのに一度も乗ったことはない」と振り返る。

伊藤さんと中川さんは軍隊に志願したが、受験直後に終戦を迎えた。伊藤さんは「飛行

青年学校時代にグライダーの前で写真に収まる伊藤昇さん(後列左端)=1942年撮影

兵に憧れがあった」としみじみ。中川さんは「みんな戦争に行くという気持ちだった」と語った。

濁川村の青少年が親しんだグライダーの思い出を語った伊藤昇さん(左)と中川好次さん＝新潟市北区

山本五十六

後輩に「学問のびのびと」

日本が真珠湾を攻撃する9カ月ほど前の1941年3月、長岡市の旧制長岡中学(現長岡高校)に通っていた齋藤譲一さん(93)宛てに一通の封書が届いた。差出人名は「山本五十六」と書かれていた。連合艦隊司令長官である。

齋藤さんは当時、授業の一環で、射撃の練習や兵営での宿泊体験などをしていた。親類や知人の軍人を慰問する手紙を書く授業もあったと記憶している。齋藤さんは母校の先輩である山本に手紙を書いた。入学しての39年4月に学校を訪れて講演した山本の姿を思い浮かべていた。

齋藤さん宛てに届いたのは、この手紙への返信だった。手紙のお礼と共に「健康に気を付け、大成を祈る」という旨の言葉が自筆で名刺に書かれていた。

封書が届いて2年余り後に山本は戦死する。齋藤さんは、長岡駅に遺骨が到着した際に儀《ぎ》仗《じょう》隊を務めた。

山本が講演したのは日中戦争のただ中だった。齋藤さんは当時、内容はよく分からなかったが、後に講演内容を調べると「未曾有の国難に際している」と話す一方で、「学問にのびのびとした心で取り組み、将来の国の基礎を固めてほしい」と語っていた。戦時下で勉学を勧める内容に驚き、心に強く残った。

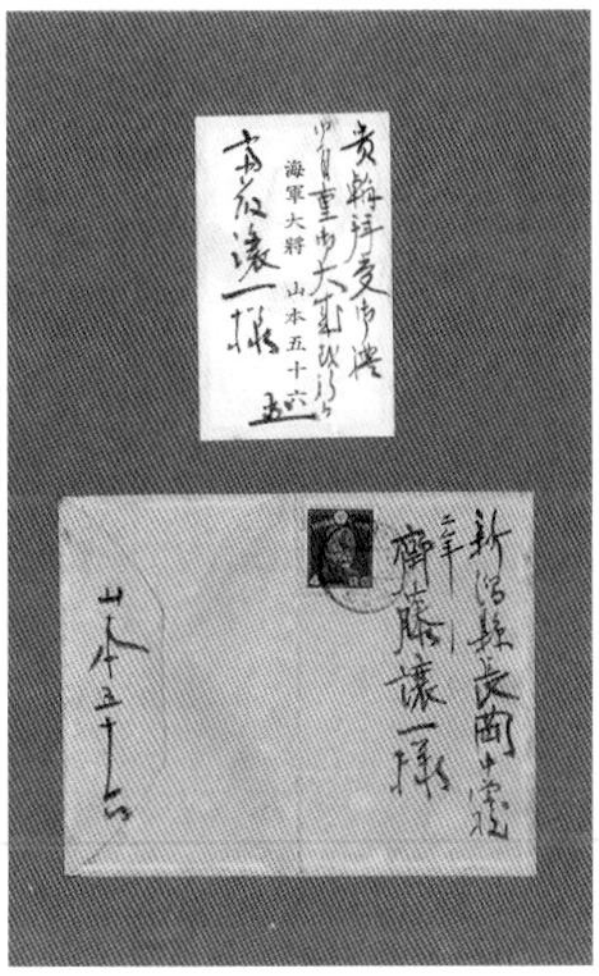

齋藤譲一さん宛てに山本五十六から届いた封書(長岡高校記念資料館提供)

齋藤譲一さん

封書は大事に保管していたが、数年前に長岡高の記念資料館へ寄贈した。「自分だけに宛てたものではなく、後輩たちに託した思いだったのではないか」と考えるようになったからだ。「昭和、平成、令和と時代が変わったが、山本さんの後輩への思いは今でも通じる」。そう信じている。

学童疎開

漫画とイモを物々交換

戦況の悪化に伴い、空襲が予想される都市部の児童を、本県を含む日本海側地域や東北に避難させる学童疎開が始まった。1944年3月に閣議決定された「一般疎開促進要綱」に基づき、同年8月から順次実施された。

国民学校初等科3年生以上は原則として全員集団疎開させ、1、2年生も縁故疎開などを進めた。京浜、阪神を中心に17都市の約60万

疎開先の旅館で入浴する児童＝関谷村（現在の関川村）

人が疎開した。

『県教育百年史』によると、本県ではおおむね下越が深川区（現江東区）、中越が世田谷区、上越が葛飾区の児童計1万8683人を受け入れた。

現在の関川村にあたる関谷村と女川村には44年8月、疎開児童330人が到着した。宿舎は寺や旅館だった。当時6年生だった平田時夫さん（88）は下関駅まで児童を出迎えに行った。「こちらはまだ着物の子がいたが、あちらは洋服。都会から来たんだなあとしみじみ思った」

平田さんの川北国民学校には89人の男児が合流し、狭い教室で机を並べた。疎開児童は当初、村の子どもが話す言葉が分からず戸惑っていたが、いじめはなかったという。

村の農家の子どもたちは比較的食料に恵まれていたが、疎開児童は空腹に耐えることもしばしばだった。持ち込んだ雑誌や漫画本1冊を、村の子どものサツマイモ2本と交換する児童もいたという。平田さんは「うちに遊びに誘ってサツマイモを出すと喜んで食べていた」と思い起こす。

6年生は進学のため45年2月に帰京したが、3月の東京大空襲で犠牲になる子も多くいた。5年生以下でも戦災孤児となり、戦後も困難な生活を余儀なくされた子どもが大勢いた。

軍事教練

鉄砲担ぎ 行進へと

中学校以上になると、生徒は陸軍の現役将校から軍事教練の指導を受けた。射撃訓練や夜間行軍があった。1925年に始まったが、戦況の悪化を受け、国民学校でも初歩的な軍事基礎能力を身に付けさせるようになっていく。

戦時中、第二新潟工業学校（現新潟商業高）

竹やりを担いで行進する上下浜国民学校（現上越市）の児童＝1943年（新潟日報事業社『県民の半世紀』より）

に通っていた櫻井壹榮《いちえい》さん（90）＝新潟市中央区＝は、学校の銃器庫に銃がずらりと並んでいたことを覚えている。「行軍ではゲートルの巻き方を習った。背のうを背負い、本物の鉄砲を担いで、学校と弥彦神社を往復した」。へとへとになったという。

「木でできた円形の枠に両足を縛り、両手を上げてつかまってぐるぐる回された」。終戦時、中条村（現十日町市）の大井田国民学校5年生だった池田友好さん（86）＝新潟市西区＝は、放課後に受けた「酔い止め訓練」を思い出す。

飛行機や軍艦に乗っても酔わないように鍛えられた。「いずれ入隊すると思っていたから励みました」と振り返る。

子どもの犠牲 繰り返すな

学習院大・梅野正信教授（学校教育学）

太平洋戦争が進むにつれ、軍事色を強めていく子どもたちの学校生活。学習院大学の梅野正信教授（65）＝学校教育学＝に当時の経過や私たちが学ぶべき教訓を聞いた。

―太平洋戦争開戦前の1941年4月に尋常小学校は国民学校に変わります。当時の教育現場はどのような状況でしたか。

「31年の満州事変あたりから思想統制が強化され、軍部による教育の支配が強まっていった。日中戦争が始まった37年には天皇への服従などを説いた『国体の本義』が刊行される。錬成を中心に、天皇に尽くすための教育が進む。41年の国民学校令が出た頃には軍国主義教育が徹底されていった」

「戦争で犠牲者がたくさん出てくるので、後に続くような子どもを育てなければいけない。それを鼓舞するため、父親を戦争で亡くした子を英雄として褒めたたえるような教育が国民学校の中に入ってくる」

―子どもたちは物資確保や軍需工場への動員などでも戦争に協力しました。

「教育の中心となったのは、働くことが学ぶことにつながるという錬成。動員も錬成のためというのが理由だった。軍需工場という危ない所に連れて行った。教育だとはとても言えない。戦況が悪化すると、動員の期間が拡大したり、授業が停止されたりして、子どもたちを根こそぎ動員していった」

―当時の教員はどういう思いだったのでしょう。

「少年兵や特攻隊として送り出すことに、求められた以上に積極的な動きをした教師もいた。教師から声を掛けられることは、子どもたちにとって後押しになってしまった」

「戦時中の反省から教育基本法16条（旧10条）では、教育は『不当な支配に服することなく』行われなければいけないと定められた。犠牲になるのは子どもたちだ。戦時中の教育を繰り返さないため、子どもの人権を守ることを大前提に考えていかなければいけない」

戦時下の教育や学校をめぐる主な動き

1937年3月	文部省が「国体の本義」を頒布する
7月	日中戦争が始まる
38年4月	国家総動員法公布
41年2月	青少年学徒食糧・飼料等増産運動実施要項を指令（1年を通じて30日以内は授業をせずに作業に充てられる）
4月	尋常小学校が国民学校に変わる
12月	太平洋戦争が始まる
43年6月	学徒戦時動員体制確立要綱決定
44年1月	中等学校3年以上は年間4カ月を標準として順番に工場へ動員することを閣議決定
3月	中等学校以上の学徒動員を通年に拡大
6月	大都市の学童集団疎開を決定
45年3月	国民学校初等科以外の授業の1年間停止を決定
8月15日	終戦

※『県教育百年史』を基に作成

【うめの・まさのぶ】長崎県生まれ。長崎市の中学、高校の社会科教諭を経て、1986年、上越教育大大学院修士課程修了。88年鹿児島大講師。2008年から上越教育大大学院教授、17年に同大副学長。20年4月、学習院大教授に就いた。専門は歴史教育、人権教育。

戦地を目指した少年たち

「祖国には二度と帰らぬ」

戦時中、戦地を目指した少年たちがいた。少年兵といわれる10代半ばの若者は国のため、家族のため、自らの命をささげることもいとわなかった。

新潟市西蒲区の樋浦昭二さん(93)は16歳だった1943年10月、自ら志願して陸軍飛行学校に入校した。10カ月間の基礎的な飛行訓練を終えると、飛行士として現インドネシア・ジャワ島に派遣された。

フィリピンを拠点とする米軍の攻撃が激しさを増す中、兵士を空輸する任務に就いた。「祖国には二度と帰らぬ」。少年は心に誓っていた—。

抱いた夢、過酷な現実

太平洋戦争では少年たちも貴重な戦力として戦地に赴いた。戦況の悪化で次第に兵員が減っていく中、陸海軍はそれぞれ少年兵の拡充に力を注いだ。学校ごとに志願者の割り当てがあり、新聞雑誌も積極的に働きかけた。国への奉仕心や経済的な事情などが絡み合い、戦地に駆り立てた。少年たちはどんな思いを抱いて、戦場に向かったのか。

（報道部・山崎琢郎、小柳香葉子）

飛行服を着た樋浦昭二さん＝1944年撮影

飛行兵

志願16歳「一機一艦葬る」

同期生ら空輸　緊張と重圧

「幼い頃に地元に来た日本軍の飛行機を目にしてから飛行兵になりたかった。夢は郷土訪問飛行だった」

新潟市西蒲区の樋浦昭二さん(93)は当時をこう思い起こす。

16歳だった1943年、陸軍少年飛行兵15期生に志願し、10月から福岡県の大刀洗陸軍飛行学校で専門教育を受けた。練習機の「赤とんぼ」で急旋回や反転飛行を学び、10カ月で実戦機の操縦を会得した。

操縦技術が見込まれ、「重爆撃機」に乗ることが決まった。「いよいよ夢がかなった」と思った。しかしそれは、敵機に狙われる危険性が高い部隊に配属されることを意味した。

◇　◇

翌44年8月、現在のインドネシア・ジャワ島への転属命令が出る。機密漏れを防ぐため、帰郷は許されず、夢だった郷土訪問飛行は諦めた。

出発地の佐世保港では軍艦マーチが鳴り響き、少年たちの気分を高揚させた。中継地のシンガポールで、一〇〇式重爆撃機(呑龍《どんりゅう》)に乗り換え、ジャワに向かった。「いずれこれを操縦して爆撃するのかと思うと身が引き締まった」

現地では、飛行服一式が支給され、実戦に備えた訓練が始まった。

死を覚悟するほどの危険にも遭った。夜間を想定して操縦席前面と横面のガラスを覆い、計器だけを頼りに

同期の少年兵と写真に納まる樋浦さん（中央）＝1943年撮影

飛行していたときだ。上空3千メートル付近でエンジンが急停止した。教官の機転で近くの射撃場に不時着、九死に一生を得た。

「戦後に再会した教官のあごにはその時の傷が残っていた。当時の情景がよみがえり、死ななかったことに感謝した」と話す。

45年5月、いよいよ戦地へ。本土決戦要員に転属した同期生らを空輸するのが任務だった。スマトラ島のパレンバン飛行場を中継地とし、ジャカルタ、バンドン、クアンタンへと飛んだ。本国からは「本土決戦で勝つ」との方針が伝わっており、彼らを無事送り届ける責任の重さと緊張で操縦かんを握る手に汗がにじんだ。

7月のある日、右腹に激痛が走った。盲腸周囲膿瘍《のうよう》だった。バンドン市内に搬送され、手術室で医師、看護師の前で素っ裸にされた。「年頃の少年にとっては、一糸まとわぬ裸は恥ずかしくて苦痛だった。教官のビンタの方がまだましだった」と思い出す。

手術が成功し、しばらくした8月15日。玉音放送を聞き「早く隊に合流しなければ」と気がはやった。傷が完治しないまま帰隊。仲間たちはまだ敗戦を知らなかった。翌日、部隊長がおえつ交じりに訓話をすると全員が絶句した。「一機一艦を葬ると夢見たことも一瞬にして昇天した」と当時を思う。

現地で捕虜となり、連合国軍施設で作業に従事した。帰国は47年5月だった。

◇　◇

ジャワ島からの復員後、少年兵当時の写真や軍隊手帳などは青春時代を過ごした軍隊の思い出の品として大切に保管していた。機会もなく当時の記憶は胸にしまってきたが、知人に請われ、10月11日に地元公民館主催の「戦争と平和展」で初めて従軍体験を話した。

会場には戦争を知らない世代も参加した。弥彦小4年の解良心春さん(10)は「自分と年が近い男の子が戦争に行かなければいけない時代ってどんなだったのか想像もできない」と驚いた様子だった。

講演を終えた樋浦さんは「いざ話してみたら、まだ話し足りない。若い人が関心を持ってくれたことはありがたい」と語った。

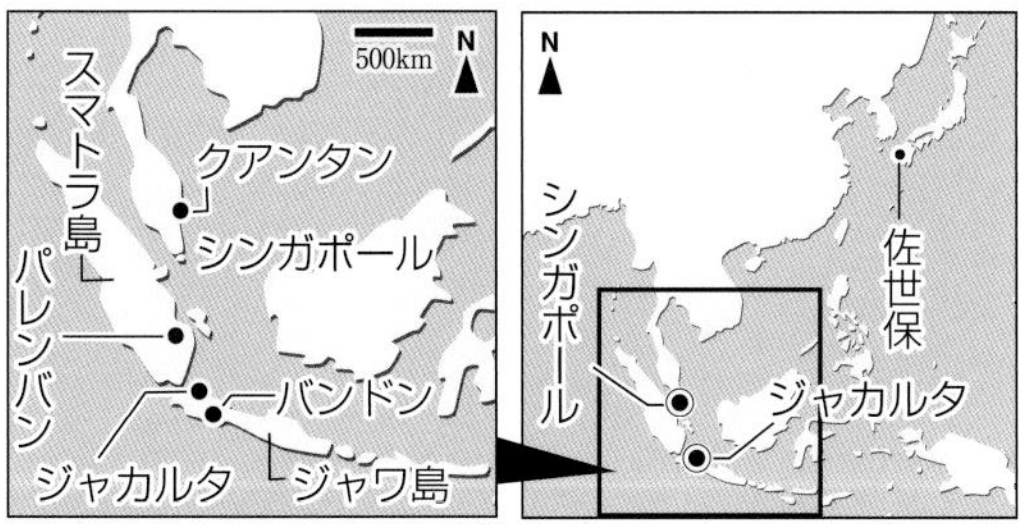

級友から贈られた日の丸を持つ樋浦昭二さん。旧姓は小林だった＝新潟市西蒲区

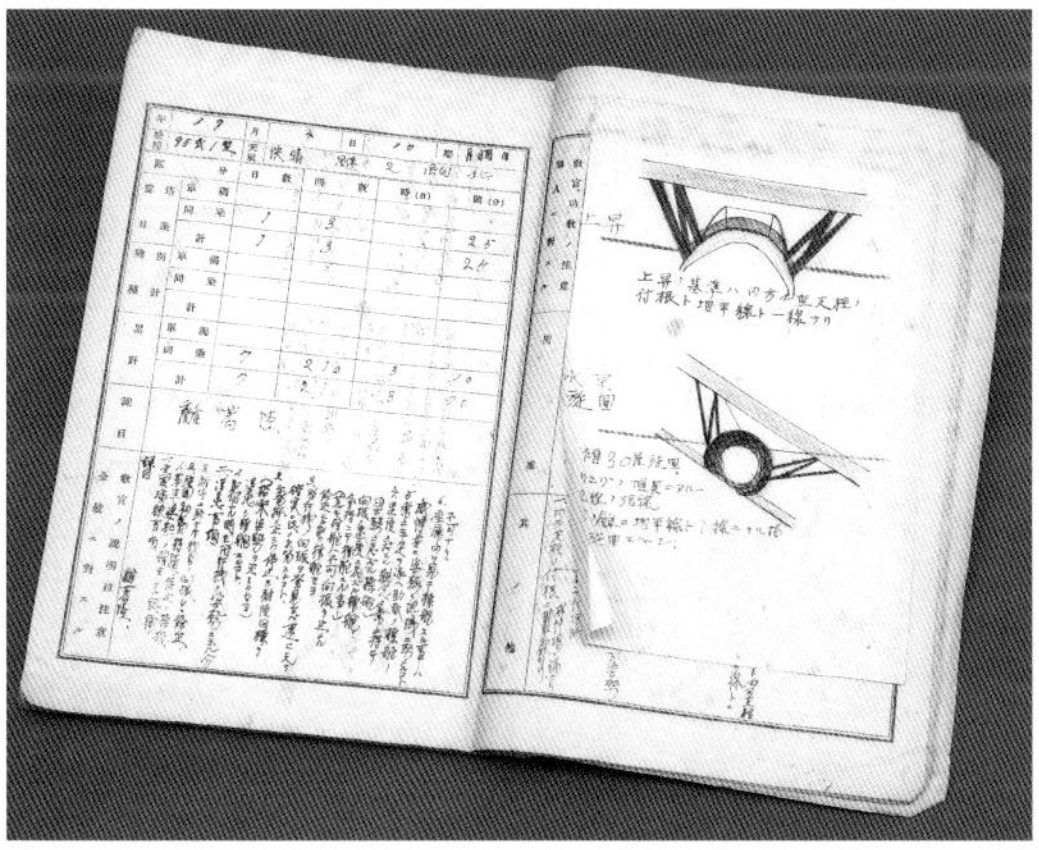

樋浦さんが操縦訓練で学んだことを詳細に記した飛行手簿

海軍予科練

死、ちっとも怖くなかった

「ばかみたい」な思想教育

海軍が航空機搭乗員を養成しようと1930年に設けたのが「海軍飛行予科練習生（通称・予科練生）」制度だ。14～17歳までの少年を全国から試験で選抜した。予科練平和記念館（茨城県阿見町）によると、45年の終戦までに約24万人が入隊した。

新潟市中央区で生まれ育った佐野直平《なおひら》さん（89）もその一人だ。市内の上空を飛んでいた軍の練習機、通称「赤とんぼ」を眺め、「操縦したい」と憧れを抱いて入隊した。

44年、宮浦国民学校高等科2年だった13歳頃、小千谷市の飛行場で行われたグライダー（滑空機）訓練に3週間ほど参加した。県内各地から少年が集められたようだった。

1人乗りで、ゴム索を人力で引っ張り飛ばすグライダーは2、3メートルの高さまで上がり、50、60メートルほど飛行した。操縦かんを真ん中に固定していないと機体が上下した。「スピードが出たが本物の飛行機はもっと速いと教えられ必死でした」

その後、予科練の試験に見事合格。45年5月に奈良県丹波市町《たんばいち》（現在の天理市）にあった隊に入った。予科練がテーマの映画主題歌「若鷲の歌」の歌詞にもある、「七つボタン」の制服がうれしかった。

隊では1時間ほどのランニングや体操で体力づくりに励んだ。国語や数学の授業があり、飛行機の基礎知識も学んだ。飛行場では戦闘機を格納庫にしまったり、掃除をしたりした。

予科練を出て戦死した人は、約1万9千人に上る。当時、敵の船に飛行機ごと突撃した特別攻撃隊にも多くの卒業生が参加した。

「死ぬのはちっとも怖くなかった。国のためには命を惜しまないという教育を受けていたから」と言う佐野さん。本物の飛行機に乗ることなく終戦を迎えた。

戦後も空への愛着は深く、孫と模型飛行機を飛ばして遊び、亡き妻とは飛行機で旅をした。予科練の日々は誇らしい思い出だ。

でも、死を当然のことと受け入れた少年時代を振り返りつくづく思う。「ばかみたいな話だよ」

予科練の思い出を語る佐野直平さん。「終戦後に帰ったら祖母が泣いて喜んでくれた」＝新潟市中央区

防空兵

勝利信じ、磨いた照射技術

「申し訳ない」わびた敗戦

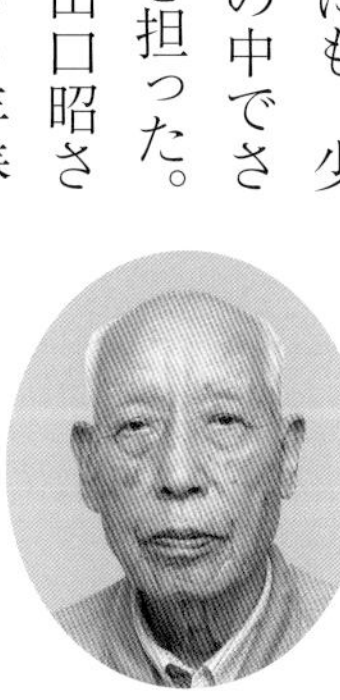

山口昭さん

飛行兵以外にも、少年たちは軍隊の中でさまざまな役割を担った。

南魚沼市の山口昭さん（93）は1945年春頃、神奈川県で「防空兵」として、日本の本土上空に飛んできた敵機を攻撃する任務に就いていた。毎晩、直径150センチほどの探照灯（サーチライト）を遠隔で操作し、敵機を追った。

本土防衛のため、日本軍は高射砲という火砲を各地に配置した。射手が見えるように探照灯で敵機を照らすが、「一発でライトを当てるのは難しかった」と思い返す。勝利を信じて照射技術を磨いた。

昼間は聴音機で敵機の位置を把握して高射砲を撃つ砲隊に伝えた。ところが、米軍のB29は高度約1万メートルを飛ぶのに対し、高射砲は7、8千メートルしか届かなかった。山口さんは「どうしようもないなあ」と思いながらも、任務を遂行した。

山口さんは旧大崎村（現南魚沼市）の尋常小学校6年の12歳頃、教師から海軍志願を勧められた。しかし、鼠径《そけい》ヘルニア（脱腸）の兆候があり諦めた。「陸軍には必ず志願しよう」と高等小学校卒業後は少年戦車兵を受験。学科は合格したが、身体検査で痔《じ》の可能性を指摘され不合格になった。

軍に志願可能な17歳で徴兵検査を受けた。甲種合格となり埼玉県にあった部隊に44年9月に入隊。千葉県の教育隊を経て、神奈川県で終戦まで防空兵を務めた。国防に携わる喜びがあった。

戦後間もなく帰郷すると、「戦争に負けて申し訳なかった」と近所中にわびて回った。近所や同級生の中には戦死した人もいた。「自分も命懸けで村を出たのに生きて帰ってきた。気持ちを伝えたかった」と静かに語った。

軍隊時代の山口昭さん。当時の写真はこの１枚だけ

募集・勧誘

新聞や雑誌 決起あおる

教師も声掛け

少年兵の募集は海軍と陸軍がそれぞれに行った。新聞や雑誌が募集記事を掲載し、学校も勧誘に一役買った。少年たちの回りには兵士に向かわせる仕掛けがあふれていた。

1943年10月1日の新潟日報には「征《ゆ》け米英撃滅の聖戦《せいせん》へ　いまぞ起《た》て少國民《しょうこくみん》」の見出しで陸軍の少年兵募集記事が掲載された。陸軍省のポスターが大きく使われ、飛行、戦車、通信、兵器、野戦砲兵、重砲兵、防空の七つの学校を説明している。

記事には、募集対象となる高等科がある国民学校の受け止めが添えられていた。

大町国民学校（現上越市・大町小学校）の教頭は「少年たちにとってもまた我々も感激のほかない」とコメント。同校で軍人志願班を結成し、生徒の家庭を訪問し、志願許可に力を注いでいることを紹介した。長岡国民学校の校長は「最大の障害は父兄の反対であるから説得に努めたい」と語っていた。

教師による声掛けは子どもにとって影響力があった。「少年兵の確保は学校在学者を供給源としてこそ可能だった」と解説する研究者もいる。

海軍兵を募集するポスター（県立文書館所蔵）

新潟日報
昭和十八年十月一日

征け米英撃滅の聖戰へ
いまぞ起て少國民
陸軍が各種少年兵募集

陸軍少年兵募集

空と海に戰士捧げん

待望

1943年10月１日付の新潟日報に掲載された少年兵募集の記事

出身地の上空を飛行機で飛ぶ姿を見てもらう郷土訪問飛行は、軍による直接の働きかけの一つだった。『海軍飛行予科練志願読本』『君も僕も少年兵』といった解説本も出版された。少年雑誌も募集案内を盛んに掲載した。

少年兵の場合、後から徴兵された同級生より先に階級が上がり、家が貧しくても早くに身を立てることができた。

村上市出身の齋藤光雄さん(91)=新潟市西区=は14歳だった43年に東京陸軍少年飛行兵学校に入学した。「勉学を続けるには志願することが最適に感じられた。入学式に付いてきたほど父も喜んだ」と語る。軍の学校以外に進学がままならない家庭環境だった。

飛行兵学校では、通信兵として訓練を受けた。南方の戦線配置を示唆されたが、戦地を踏む前に終戦を迎えた。「軍人としての望みを果たせず悔しかった」。それが当時の思いだった。

北海道大・逸見勝亮名誉教授インタビュー

短期養成　場当たり的に

太平洋戦争中に内地、外地で従軍した少年兵に詳しい北海道大の逸見勝亮名誉教授(77)に聞いた。

―戦時中に軍が少年兵に期待したことは何ですか。

「通信や航空機の操縦工科などの専門技術を身に付けてもらい、少年兵を短期間で下士官に育成することが目的だった」

「例えば戦闘機の飛行兵の場合、飛行機1機の戦闘能力は少尉一人が指揮する兵力・武力と同等とされたので、操縦士はすべて将校がふさわしかった。しかし将校は人事上、さまざまなステップを経ねば養成できず、時間がかかる。どんどん必要になる搭乗員の数を確保するため、専門教育を受けた少年兵を下士官に育成した」

―少年兵の兵種、採用数が拡大していった背景には何がありますか。

「航空機や機械化への関心が軍内部で高まっていったことがある。ただ、必要な分野の兵力をどう整備するかという統一的な方針がなく、陸、海軍がそれぞれ拡大させていった。場当たり的に増えたと言える」

「当時の世相を考えると男子は戦闘機パイロットや戦車長、女子は従軍看護婦を目指し、国のために奉仕することが当然だったこともある」

―海軍少年飛行兵に甲種と乙種があったのはなぜでしょうか。

「航空機による攻撃を重視した海軍は、航空機搭乗員を増員すべく、従来の高等小学校を募集源とする下士官航空兵養成に加えて、中学校在籍者を募集源とした甲種海軍飛行予科練習生制度を設けた。この時に従来の制度を乙種と定めた」

―戦況が悪化する中でも少年兵を採用し続けたのはなぜですか。

「当時は本土決戦での勝利を展望し、兵員の確保を図った。工場労働力、農業労働力も足りなかったが、少年の割り振りは無秩序な状況で進んだ」

【へんみ・まさあき】1943年、北海道生まれ。教育学博士。北海道大教育学部教授、同大大学院教育研究科長、副学長を経て、現在は同大文書館学術研究員。

満州開拓

船出 試練待つ大陸へ

戦前から、新潟港は中国大陸への窓口だった。多くの人が、現在の北朝鮮を経て、中国東北部を支配した「満州国」に向かった。東京から直結したこのルートを、国は満州開拓団を送る「幹線」と位置づけた。

満州で「新潟村」の建設を目指す人々らを乗せた「満州丸」。1943年春、希望と共に新潟港をたった。ただ、海の向こうで待っていたのは「国策の果て」の過酷な運命だった（新潟日報事業社『新潟県民の太平洋戦争』より）

夢や希望を抱き、大陸に向かった人々。ただ結末は無残だった。本県移民の4割近くに当たる約5千人が犠牲となった。厳しい自然環境に苦しんだ上、終戦間際の1945年8月9日には、ソ連軍が満州に侵攻。逃げ惑う開拓民には頼るよすがはなかった。

満州に取り残された人々にとって、15日は「終戦」ではなく、新たな苦難の始まりだった。

「王道楽土」ほど遠く

中国東北部の満州は戦前、内蒙古（中国・内モンゴル地域）とともに、「日本の生命線」と宣伝された。広い大地が、豊富な資源があった。満州移民は国策として推し進められ、本県では開拓団と青少年義勇軍を合わせた約1万3千人が農業移民として海を渡った。厳寒の異郷で県人たちは鍬《くわ》を振るい、牛馬を使い、耕作に励んだ。だが、緊張関係にあったソ連の侵攻は、多大な犠牲を生む。その末路は、国がうたった「王道楽土」とはほど遠かった。開拓団員らの証言からは、ゆがんだ国策が浮き彫りになる。

（報道部・山際美香、高橋央樹、山崎琢郎）

本県から1万3000人移民

世界恐慌、農地不足が背景

国は1932年、傀儡《かいらい》国家「満州国」を建国すると、移民政策を本格化し、植民地化を加速させる。『満州開拓史』によると、終戦までに全国から約32万人を送り出した。その背景には、29年の世界恐慌や、このころ続いた冷害などによる農村の疲弊、農村の余剰人口、土地不足の解消が求められていたことがある。

36年8月に決定した「20カ年100万戸送出計画」では、1戸当たり5人と想定し、20年間で移民500万人の達成を目指した。この数字は、「満州国」の人口が「今後20年間に5千万人」に増加すると見込み、その1割に相当する。

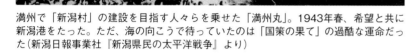

「1割」の根拠について、満蒙開拓移民研究家の高橋健男さん（74）＝見附市＝は「当時の世界の植民地政策は、自国民が全体の1割を占めれば植民地経営が可能とされた」と説明する。

『新潟県史』によると、39年発表の調査では、県内の農家20万8870戸のうち、3万4820戸が過剰戸数とされた。「満州へ行けば、20町歩の土地がもらえる」と言われ、希望を抱いて満州に渡る農家の次男、三男らも少なくなかった。

ただ実際の送り出しは難航した。本県で計画戸数を100%達成したのは、県独自で結成した初期の開拓団二つだけで、39年以降は30~40%台に落ち込んだ=中段のグラフィック参照=。

「日中戦争の激化で応召者が増え、日本の内地で人手不足になる中、開拓団送出も本格化させたため、達成率が低くなった。計画自体が無理なものだった」と高橋さんは指摘する。

そうした中で、国は38年に青少年義勇軍の本格募集を開始。新たな制度を設けて「100万戸計画」を推し進めた。

中小商工業者などが転業し、満州で農業に携わることも奨励され、「転業開拓団」と呼ばれた。

メディアも移民を後押しした。39年1月1日付の新潟新聞では、「我が新潟港が大陸と祖国をつなぐ重要幹線として国策的責務の下に、土の戦士の母港としての役割はいよいよ重きを加えつつある」として、「土の戦士を送る歌」と「大陸開拓の歌」を募っている。

移民の送り出しは、戦争の激化や長期化により減っていったものの、本県では45年6月まで続いた。

満州開拓は終戦間際に暗転する。45年8月9日、ソ連軍が満州に侵攻。開拓民の逃避行は惨状を極めた。開拓団を守るべき関東軍の主力は朝鮮方面に移動し、「盾」とはならなかった。

満州移民は栄養失調や集団自決などで約8万人が犠牲になった。46年末時点で本県の死亡あるいは行方不明者は、一般開拓民の約6割に当たる5652人、青少年義勇軍の約7割に当たる2267人に上った。

満州に関する国と本県の出来事

新潟	年	国
	1931年	9月 満州事変
県人43人が試験移民 3月	32	3月 満州国建国
県議団が満州を視察 6月	33	3月 日本が国際連盟脱退
	34	3月 愛新覚羅溥儀が満州国皇帝に即位
「大陸の花嫁」50人が新潟港から渡満 8月	35	
	36	8月 20カ年100万戸送出計画決定
県人10人を含む義勇軍の先遣隊が渡満 10月	37	7月 日中戦争開戦
五福堂開拓団が渡満 2月 本県出身者のみで構成する義勇軍が渡満 4月	38	1月 満州開拓青少年義勇軍の本格募集開始
	41	12月 太平洋戦争開戦
檳榔柏崎開拓団が渡満 4月	42	
刈谷田郷開拓団が渡満 2月 楊木義勇軍が渡満 5月	44	
本県最後の中越郷開拓団が渡満 5月 本県最後の対店義勇軍が渡満 6月	45	8月 終戦　満州国滅亡
	46	2月 通化事件発生 5月 満州からの引き揚げ開始

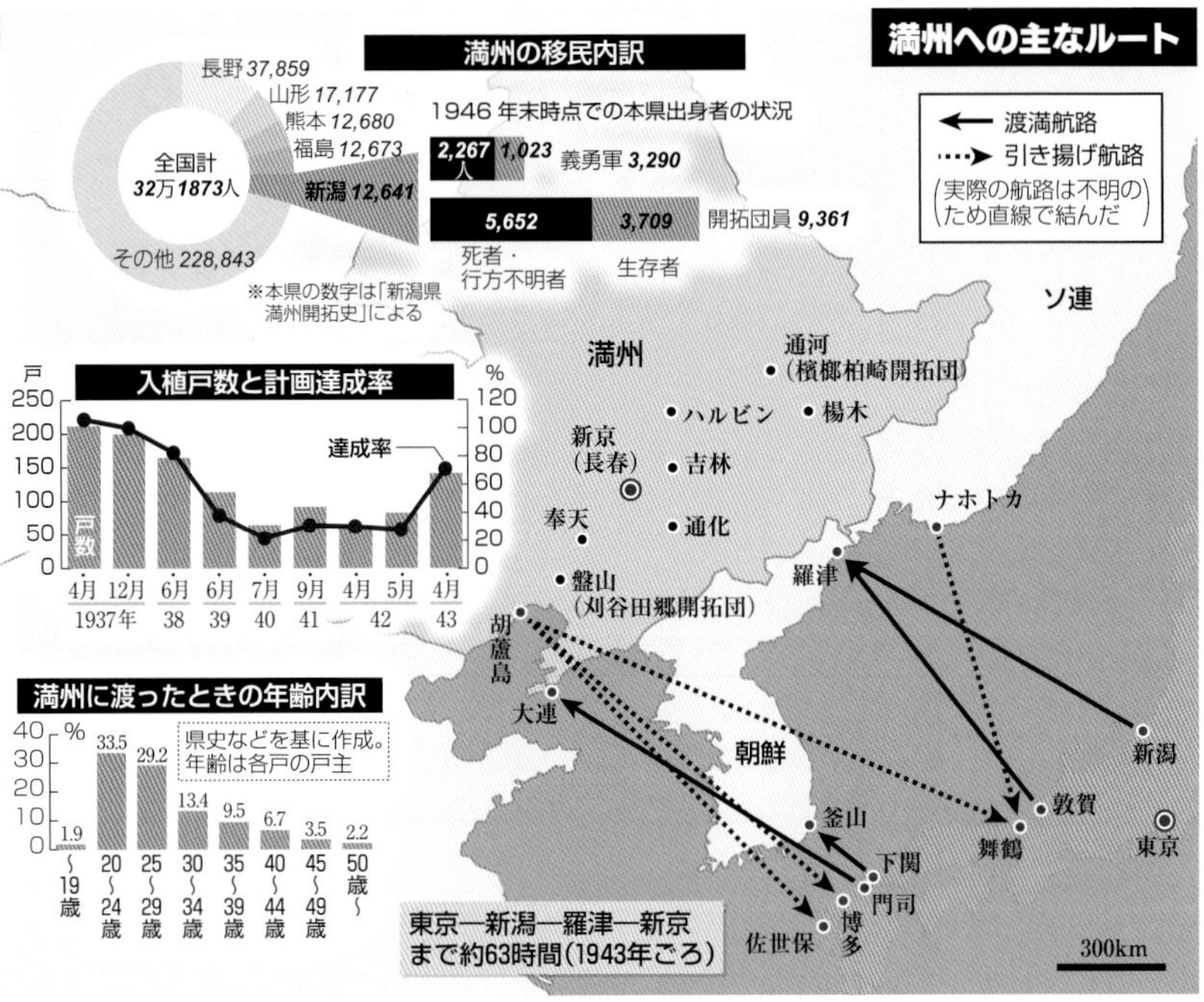

送り出し拒んだ村長
「強制収用」に違和感抱き

国策の満蒙開拓が進められていた中、〝時間稼ぎ〟で移民の送り出しを拒んだ村長がいた。全国最多の移民を満州へ送り出した長野県大下条村（現阿南町）村長、故佐々木忠綱さんだ。三男の壽英さん（84）＝新潟市西区＝は「農民だった父は、中国の現地の人から強制収用した耕作地を耕すのは、本来の開拓ではないと思ったのでしょう」と推し量る。

佐々木忠綱さん

1938年、大下条村の村長だった忠綱さんは、同じ郡の町村長らと満州を現地視察に訪れた。後年、視察について「現地の人を追い出して日本人が入植したような形跡も見られ、不安な感じが残った」と講演の記録が残る。当初から消極的だったことがうかがえる。

このときは、日中戦争による経済状況の好転などで移民を送り出す機運も落ち着き、村で移民を推進することはなかった。

試練を迎えたのは、43年1月に2回目の村長に就任した時だ。軍への召集で人手不足が深刻化する中、国は移民の送り出しを強めた。特定の地域を指定して開拓を推し進める「特別指導郡」に大下条村を含む下伊那郡が指定された。

前村長時代に隣村と一緒に移民する検討も始めており、村内の機運も盛り上がっていた。ただ忠綱さんは、村長就任の最初の数カ月間は、村会協議会で移民問題を取り上げていない。その後は一時期、集中的に審議を行って3村連合による「1村」をつくることなど決めたが、その後もまた、移民問題を村会で全く扱わない期間が続いた。

その一方で、43年の夏から秋にかけて、再び満州に調査員を派遣した。

「村の分村確認や移民意識の醸成など、ゆっくりと進めている。もう現地調査をするような段階ではないのに調査員を満州に送るなど、まるで"時間稼ぎ"をしているように見える」。忠綱さんについて著書がある日本近現代史研究家、大日方悦夫さん(66)＝長野市＝は、一連の動きを分析する。

「消極的」な村長に対して、反発する村民もいた。息子の壽英さんは後年、母親から「あのときは家に石を投げつけられた」と聞いた。

忠綱さんが村長を退いた後、後任者によって計画は一気に加速した。だが、忠綱さんが手続きを進めていなかったこともあり、最終的に移民計画は中止された。

大日方さんは「目立たない『消極的』な抵抗が功を奏した。戦争のような生死を分ける究極の状況で、佐々木村長の移民拒否は、大きな権限を持たない1人の人間ができることは何かを学ぶことができると思う」と話した。

終戦後8年 中国で生活

毎日必死に働き家族養う

柏崎市の巻口弘さん(85)は、終戦後に中国人の家に住み込んで働いていたころのつらさが、今も心に残る。朝3時に起きて馬やニワトリの世話をし、日暮れまではだしで数十頭のブタを追った。てんびん棒を肩に担ぎ、野菜も売り歩いた。

1942年、8歳の時に一家7人で満州へ渡り、満州柏崎村(当時の三江省通河県)に入植した。日本で和装小物を商っていた父栄一さんが牛を操り、母シズさんと一緒に慣れない畝作りに汗を流す姿を覚えている。

父が軍に召集された約1週間後の45年8月9日、ソ連軍が侵攻した。逃げ惑う中で、ほかの開拓団と一緒に、近くの国民学校で冬を越した。栄養失調などで幼い子どもらが相次いで亡くなった。巻口さんも、敗戦前に弟1人を亡くしたのに続き、さらに弟2人を亡くした。

[わが家] 満州柏崎村に完成したばかりの家の前に立つ巻口さん親子。右端が弘さん＝1944年ごろ

その後、巻口さんは元の柏崎村に戻った。壊されず、わずかに残っていた建物で7家族ほどが共に暮らした。「食べ物はほとんどなく、一冬放置していた畑を掘り返して腐ったジャガイモやカボチャを食べた」

母子の窮状を見かねた中国人の男性が「一緒に暮らそう」と声を掛けてきた。「拝む思いでお願いしました。4人の子どもを助けてください」。後年、母は手記の中で当時の必死だった思いを記している。

だが、定職がなかったこの中国人男性は貧しく、11歳だった巻口さんは、近くの中国人の家に住み込みで働いた。

「毎日、必死だった。『日本に帰りたい』なんて考える余裕はなかった」

営林局でも働いた。多くの中国人と一緒に山小屋に寝泊まりし、伐採などの作業に汗を流した。支給された給料は、家族に仕送りをして生活を支えた。

53年のある日、公安局から連絡を受けた営林局の事務所から「最後の日本人の引き揚げ者を受け付けている」と聞いた。「やっと帰れるんだとうれしさがこみ上げた。喜び勇んで夜の山道を歩いて家まで帰った」

だが、戦地から柏崎市に戻っていた父は別の女性と再婚。母は中国で再婚した夫や子どもとともに中国に残ることを選んだ。終戦から8年たった同年8月、巻口さんは1人、祖国の土を踏んだ。

帰国後、巻口さんは、父が営んでいた和装小物の商いを継いだ。帰国から22年後、母親も帰国を果たした。終戦から30年、ようやく同じ屋根の下での母子の暮らしがかなった。

「日本に移民として送り出され、戦後も日本に帰れないまま、中国で過酷な生活をせざるを得なかったことへのやりきれない悔しさは、心の中にずっとある」

ゆがんだ国策の果て

開拓集落での暮らし

医師おらず 幼子犠牲に
終戦で満州人との関係一転

1944年3月、当時の見附町や中之島村など南蒲原郡2町4村を主体とする第13次刈谷田郷開拓団が、満州南部の盤山(現在の遼寧省西部)に向かった。

当時小学2年生だった星野理絵さん(84)=見附市=は、母ときょうだいの一家5人で新潟港から朝鮮を経由し、1週間かけて満州に渡った。父は先遣隊として一足早く入植していた。

開拓集落には167戸695人が入植した。住居は「土と草を固めた日干しれんがを積んだだけの粗末なもので、開拓団の団長や教員、満人も同じ造りの家だった」と話す。建物は1棟に2家族が入居していた。オンドル(床下暖房)が付いており、冬は遠方まで歩き、ヨシや薪を集めた。

盤山県は土地が広大で平たんだった上、霜が降りない期間が年間150日と比較的耕作に適した地だった。入植者には1世帯当たり水田4町歩と畑1町歩が割り当てられた。ただ、入植から終戦まで1年半弱だったため、実際に耕作できたのは水田1~1・5町歩程度だった。「入植した年は共同作業だった。翌年からは世帯ごとに分かれた」と語る。

医療体制が不十分だった開拓集落もあった。病気になると都市の病院に行かなければならなかった。

阿賀野市の須田一彦さん(83)は教員だった父・鉄造さんの満州赴任に伴って40年12月、岐阜県出身者からなる郡上村開拓団(現在の吉林省舒蘭市)に加わった。集落には助産師さえおらず、妹の愛子さんが生まれた時には、約4キロ離れた別の集落から往診してもらうしかなかった。

43年に移った別の開拓団にも医師はいなかった。ある日、愛子さんは麻疹を発症し、生死の境をさまよった。「列車で1時間半かけて両親が吉林市内の病院に連れて行ったが、既に手遅れだった」と振り返る。愛子さんはまだ1歳だった。

開拓地では、現地の満州人との交流があった一方で、終戦により、その関係は一変した。

須田さんの集落には、父親が勤めていた国民学校で用務員だった若い満州人男性がいた。「放課後には一緒に馬に乗って遊んだ。弟のようにかわいがってくれた」と懐かしむ。男性と会話するうちに中国語も覚えた。

［満州馬］ 広大な土地を開拓するために使われた満州馬（新潟日報事業社『新潟県民の太平洋戦争』より）

終戦後、一家で収容所にいた須田さんを訪ねてきてくれた。「マントウ（まんじゅう）や衣類を持ってきてくれた。常に空腹だったので本当にうれしかった」と話す。

星野さんの集落にも満州人が住んでいた。「満州人の子どもともよく遊んだ。簡単な満州語や満州文字を教えてもらった」と思い返す。草原でウサギを追いかけ、魚捕りや鬼ごっこにも興じた。「終戦まで、満人と仲良くやっていると思っていた」

45年8月17日。近くに住む満州人の様子がおかしいことに気付いた。別の集落がある北の空には煙がもくもくと上がっていた。このとき初めて日本の敗戦を知った。家の前には中国兵が銃を持って立ち、窓から満人が押し寄せ衣類や布団、家財道具を持ち去った。「リーベン（日本）負けた、リーベン負けた！」。興奮した満州人の歓声がこだました。

その後の逃避行では中国人による強盗、強奪の被害にも遭った。星野さんはつぶやく。「仲良くしていた満州人が豹変《ひょうへん》した。彼らからすれば私たちは加害者でしかなかった」

「通化事件」父の体験 手記で知る

日本人虐殺 恐怖の拘束

「牢屋《ろうや》の中の話し声がだんだん大声になってきた。間髪を入れず外部から撃ち込む小銃の音。一瞬死のごとき沈黙が来たがその後は4、5名の苦しいうなり声が聞こえてくるが、いかんともしがたい」

すでに崩壊していた旧満州国の通化市で1946年2月3日、多くの日本人が虐殺された「通化事件」が起きた。新潟市中央区の松本弘子さん（82）の父・寅治さん（70年に63歳で死去）は、恐怖に満ちた状況を生々しく手記に残した。

当時の通化市は、中国共産党の支配下にあった。関係者の証言などによると、日本の元軍人や一部の住民らが、国民党軍と連携して蜂起したが、中国共産党軍（八路軍）などに鎮圧された。さらに捕らえられた多くの市民が虐殺され、少なくとも1千人超が死亡したとされる。ただ、死者は3千人超ともいわれ、実態は明らかになっていない。

八路軍の拠点を襲撃し、占拠する計画だった。手記によると「電灯の点滅3回を合図に全員定めの目的地へ突進するという戦法」。夜警に就いていた寅治さんらは、午前3時ごろに作戦を知り「全員集合各自戦いに必要なる武器を持参せよという指示」を受けた。

松本寅治さん

手記には同4時半ごろから戦闘が始まったとある。「5時だ。銃砲声の音が100メートル以内までに聞こえて来た」。6時になった。武器も何もなかった状況を「1名の者にも1個の銃も1個の刀も渡されなかったではないか」と記す。やがて「全て静かになった」。

八路軍が日本人男子を取り調べるとの情報が入った。家に戻り、食事を済ませると八路軍がやってきた。

「血相を変えて、数百名が一戸一戸しらみつぶしに男子を外に出している。動作が悪いと家の前で一発パーンとくる」

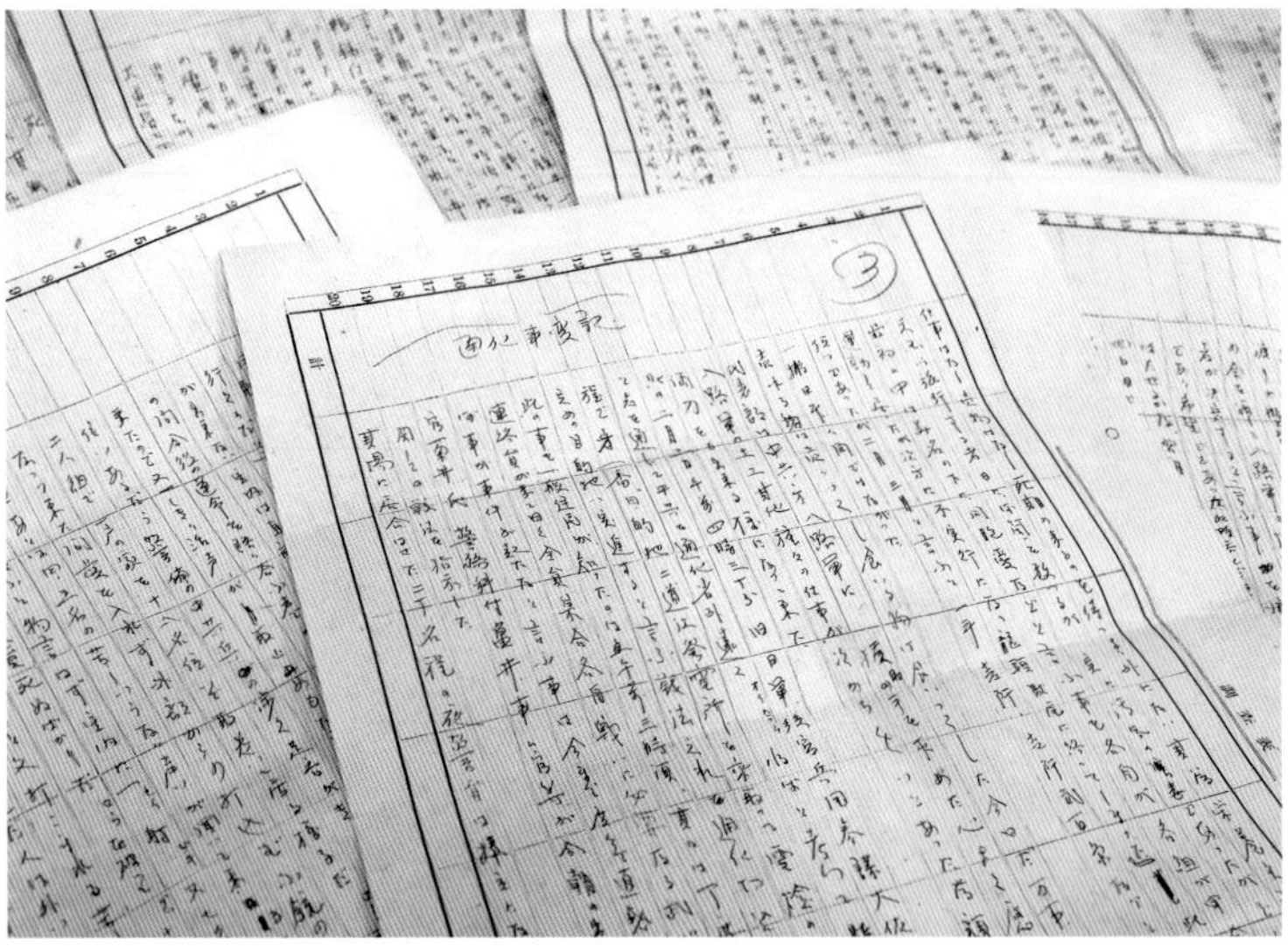

松本寅治さんが戦後に残した、通化事件についての手記

当時8歳だった弘子さんは、父が頭の後ろに手を組まされて連れて行かれる姿を覚えている。

寅治さんたちはれんが造りの古い建物の一室に入れられた。「室内は身動きもとれない。6畳くらいのところに30名ほどが投げ込まれている」状態だった。

外は警備の兵が取り囲んだ。誰かが騒げば、窓から機銃掃射を浴びせられた。

「死んだ人は足を引きずられながら目の前の谷底へ投げ込まれていく。実に残酷だ。1時間くらいで冷凍人間ができる。同じことが3日間連続的にやられた。そのため身動きもできなかったほどの室内が足を伸ばすことができるようになった」

武装蜂起とは無関係と判断されたのか、寅治さんは4日目に解放された。「4日間が1年くらいの長い月日のような気がしてならなかった」

弘子さんが手記を見つけたのは、寅治さんの死後。55年ごろまでに書かれたもので、父の体験を初めて知って衝撃を受けた。

「父は捕まっていた時のことを一度も語ったことはなかった。思い出すことがつらかったのだろう」

弘子さんは今、父の体験や思いを多くの人に知ってほしいと考えている。

混迷の中にあった通化市

物を奪われ、逮捕や処刑も

通化事件の舞台・通化市は、混迷の中にあった。ソ連が参戦した終戦直前から直後にかけて、旧満州国の首都が新京から移された。国が消滅すると中華民国政府の統治下となり、ソ連軍が進駐、その後に中国共産党が支配した。通化市は元々の住人に加え、各地から逃れてきた多くの日本人が居留し、避難所もあった。

新潟市中央区の松本弘子さん(82)は、「泡子沿」という村で終戦を迎え、一家で南方の通化市へ逃れた。トラックに乗せてもらい、一日がかり。市中心部から離れた、高台の集落で日本人宅に身を寄せた。6畳と8畳ほどの2部屋しかない家に5家族が同居した。

終戦直前にソ連の侵攻が始まると、泡子沿の村には満州とソ連の国境近くなどから多くの日本人が逃れてきた。「若い女性たちは丸刈りで汚れた服を着ていた。男性のような格好だった」。ソ連兵による乱暴から逃れるためだと聞いた。

村に来た日本の関東軍が「ご無事で」と言い残して「真っ先に引き揚げていった」ことを覚えている。

周りの大人たちはソ連兵の侵略を恐れた。子どもには青酸カリを飲ませ、大人は電線を握って死ぬ――。大人たちはそう決めていたと、後で知った。

弘子さんの父・寅治さんは建設会社で働き、豊満ダムの建設に当たっていた。しかし、8月5日に軍隊に召集され、村を離れていた。終戦から間もなくして集落に戻ると、集団での「自決」をやめさせて、皆で通化へ逃げることを決めた。

限られた荷物だけでたどり着いた通化では、さまざまな民族の兵隊らが家に来ては物を奪っていった。

旧満州国幹部の逮捕や、処刑なども行われた。「敗戦を機に周辺の外国人と日本人の立場が入れ変わった」ことを実感する日々の中で、事件は起きた。

「少年義勇軍」10代で渡満

「土地もらえる」と信じて

満州開拓の中核を担うことを期待され、単身で海を渡った10代の少年たちがいる。彼らは「満州開拓青少年義勇軍」と呼ばれた。満州を国力増強の要に据えた政府は、義勇軍に参加すれば新たな農地を与えると約束。厳しい軍事、農業訓練を経て送り込んだ。

南魚沼市の関口謙治さん(92)は1944年2月、15歳で義勇軍に志願した。「国のために働くことを考えていた。先生が親を説得して志願が決まった」と振り返る。

学校にそれぞれ志願者の目標数値が割り当てられ、教員の勧めによる志願が大多数を占めた。39年12月17日付の新潟新聞は目標を上回った学校を賛美する記事を掲載するなど、メディアも渡満を促した。

義勇軍志願者は茨城県で3カ月間の農業訓練が課された。関口さんらは鍬《くわ》や鋤《すき》を使った農業訓練だけでなく、銃の担ぎ方など軍事訓練も行った。戦闘には関わらないと思っていたため「なぜ」と不信に感じたが、「農地がもらえると信じたから乗り越えられた」と言う。

自ら志願し少年義勇軍として満州に渡った関口謙治さん＝南魚沼市

44年5月には新潟港から朝鮮を経由して渡満。ハルビンから東に約550キロの楊木に到着した。しかし現地での訓練に臨み、日本での訓練が役に立たないことを思い知らされた。「土地が広大で、鍬や鋤ではいつまでたっても終わらない。トラクターや馬を使うしかなかった」

45年に入り戦況が悪化した。少年らは関東軍に動員され、本格的な軍事訓練や撫順での炭鉱労働に駆り出された。

関口さんは現地の郵便業務を任されたため訓練所に残っていた。混乱の中、終戦を迎えると、ソ連軍が侵入。一週間の戦闘の末、降伏した。関口さんらはそのままシベリアに抑留され、帰国したのは48年11月だった。同じ部隊にいた50人が戦闘や病気で死亡した。

少年らが「国のために働くんだ」「一旗揚げてやろう」と渡った満州。戦後75年を経て関口さんは「土地がもらえるからと思ってたのに、満州より寒く食べ物も満足にないソ連に連れて行かれただけだった」と振り返る。「満州とは日本にとって、われわれにとって一体何だったのだろうか」と遠くを見つめた。

中国残留孤児

日本で育っていれば…

1945年8月15日、大きすぎる犠牲の上に日本の戦争は終わった。それから75年。戦争が終わっても、長い苦しみを強いられる人々がいる。

柏崎市の本間有三さん(76)は、満州(現中国東北部)で生まれた。一家5人、国策の満蒙開拓団として北の大地で暮らしていた。しかし、終戦間際のソ連侵攻。祖国は開拓民を守らなかった。3歳だった本間さんが生きる望みは中国人夫婦に託された。

報　第三種郵便物認可　(新聞定価朝夕刊一カ月2,600円・一部70円)

やっぱり本間喜代平さんの3男

黒竜江省組孤児の朱さん　柏崎入り

額の傷跡が決め手に

熱い思い噴出、流れる涙

中国残留孤児の訪日肉親捜しは二十七日午後も、東京・代々木の国立青少年センターで続けられ、二陣(黒竜江省組)の二人が肉親関係者と対面調査した結果、朱鳳閣さんは柏崎市山本三二六ノ三、食堂経営本間喜代平さん(七三)、サダさん(七二)の両親によって三男有三さん(四二)と判明した。また、李桂珍さんは長野県下伊那郡平谷村中平八九八、無職熊谷五雄さん(七三)らによって二女悦子さん(四六)と確認された。二陣の身元確認はこれが初めて。一、二陣を合わせた判明者は計九人となった。

「家族に会うことができて幸せだ」―。中国残留日本人孤児の肉親捜しで二十七日、東京・代々木のオリンピック記念青少年センターで親子の確認を果たし、記者会見に臨んだ本間有三さん(四二)=中国名・朱鳳閣=は開口一番、こう言った。有三さんの両わきにピッタリ身を寄せる柏崎市の老父母喜代平さん(七三)=食堂経営=、サダさん(七二)。四十年ぶりに再会した親子は同夜、手を取り合って柏崎市に来た。

有三さん親子は昨年秋から文通しており、「ほぼ間違いない」との確信を得ていた。

対面で決め手となったのは、二歳の時に有三さんがネズミにかまれた傷。喜代平さんが有三さんの髪を上げ、右手でみけんの傷を指さすと、有三さんは遠い記憶を思い出したのか、思わず涙ぐんだ。

有三さんは、中国では養母、妻と獣医の長女をはじめ五人の子供に囲まれている。記者会見で「永住帰国したいか」と聞かれたとき「育てられた恩がある。そういう考えはない」とキッパリ。

サダさんは「(食べ物は)何が好みかしら」と、母親らしい心遣いをし、喜代平さんは「背広を作ってやりたい」と語った。また、やはり対面に駆けつけた弟保さん(三五)=柏崎市、医師=は、有三さんの初印象を聞かれ「なかなか素敵な人」と答え、記者団を

柏崎駅ホームで歓迎を受ける本間さん親子。花束を持っているのが有三さん

「やっと父母の元」

有三さん　歓迎の人にあいさつ

有三さん親子は同日午後七時半、柏崎駅に到着した。プラットホームには「熱烈歓迎」の横断幕が張られ、親せきや喜代平さんの開拓団当時の仲間など五十人が、初めて〝古里〟を踏んだ有三さんを取り囲んだ。「ありがとう、ありがとう」と、しきりに握手を繰り返す有三さん。喜代平さんは「みなさんのおかげで〝せがれ〟を〝せがれ〟にしていただきました」と、胸の内をそう表現した。

柏崎市山本の本間さん宅前で一行を待ちかねていたのは付近の住民百人。暗やみの中、拍手と歓声がわき、有三さんは、はっきりとした言葉で「四十年かかって、やっと父母のそばに寄れました」と話しつつ、もらった花束を高々と掲げた。居間に入り仏壇で黙とうを済ますと、両親と二人の弟、そして親せきで水入らずの祝賀会となった。

来日した本間有三さんが、両親と一緒に故郷の柏崎市に到着したことを伝える1985年11月の新潟日報朝刊

残留孤児となった本間さんが、柏崎に戻った両親と再会できたのは40年後の85年11月。その後、50歳を前に永住帰国を果たしてから、四半世紀余りが過ぎた。

中国語に片言の日本語を交えて話す。「日本に帰ってきて、言葉が通じず一番つらかった。日本語ができれば、周りの人ともっと親しくなれるのに。残念に思う気持ちがずっとある」

今は、家族に囲まれ穏やかな日々を過ごしている。だけど、長年抱えてきたもどかしさがある。「日本で育っていれば…」。日本と中国という二つの祖国のはざまで翻弄《ほんろう》されてきた。

「戦争は結局、個人を苦しめる」。それは、長い年月が過ぎ去っても変わらない。

翻弄された人生
二つの祖国で苦悩

戦前戦中に国策として、満州に送り出された満蒙開拓団。全国から27万人とも32万人ともいわれる人が渡満した。運命が激変したのは、1945年8月9日のソ連侵攻。開拓民の逃避行は悲惨を極め、飢えや寒さ、自決などで多くが命を落とした。満州に渡った県人1万3千人のうち5千人が犠牲になった。「幼

子の命だけでも救いたい」。親たちはかすかな希望を中国人に託し、子どもを預けた。後年、中国残留孤児と呼ばれる子どもたちだ。翻弄された人生は、戦後75年を過ぎても苦難が続いている。

（報道部・山際美香）

「日本語ができない日本人」

永住28年 言葉の壁 歯を食いしばり

命を救ってもらい、一人前に育ててくれた中国を祖国のように思う。だけど、自分のルーツは柏崎にある。永住帰国し今年で28年。日本語は十分に習得できなかったが、「やっぱり血は日本人。自分は日本語ができない日本人」。本間有三さん(76)＝柏崎市＝は、少し恥ずかしそうにそう語る。

満州で生まれた本間さん。ソ連侵攻による恐怖と混乱の中、母・サダさんは3歳の息子を中国人夫婦に託した。幼かった本間さんは母の胸中を知らない。いきさつを知ったのは40年後のことだった。

◇　◇

中国名「朱鳳閣」として育った黒竜江省の村・通河県には、自分と同じ境遇の孤児が何人もいた。中国人の同級生は「シャオリーベン(小日本)」と言って、いじめてきた。そんなとき、養母の朱宋氏さんはかばってくれた。何も言わずに愛情を注ぎ、当時の村では珍しい中学まで出してくれた。

21歳で結婚し、５人の子どもに恵まれた。そろばんができ、正直な「鳳閣」を村民は信頼してくれた。農作業に汗を流し、村の会計係も務めた。「中国の農民として必死で生きていた」

ただ、「日本人」であることがつきまとった。通常、申請から1、2年で中国共産党への入党が許されたが、10年かかった。「日本人だから仕方ない」。分かっていたことだった。入党し党の信頼を得ると、村の責任者を任された。村の発展に貢献することを生きがいにした。

転機は１９８４年、41歳の時だった。残留孤児について調べる中国人の調査員が訪ねてきた。自分の名が「本間有三」であることや、養父母に預けられた経緯を初めて聞いた。漠然と「開拓団員の多くの死体の中から拾われた」と思っていたが、実母の思いの一端を知りほっとした。だが、養母には話せなかった。

翌85年、肉親捜しの団員として来日し、柏崎市で暮らす実の両親と対面した。親子の間に流れた40年の年月。サダさんは「ごめんね」と繰り返し、「預けなかったら途中で死んでいた」と涙を流した。「この人たちが血のつながった両親なんだ」。胸が熱くなった。

本間有三さんの実母サダさん（左から２人目）と、養母の朱宋氏さん（右）。互いに手を握り、じっと見つめ合った＝1997年９月、柏崎駅

「穏やかに暮らせる今が幸せ」と話す本間有三さん。実家の跡地で畑作業に汗を流し、自転車で碁会所に通う日々を送る＝柏崎市

その後、中国へ戻ったが、日本での生活を望む子どもたちに背中を押され、92年に永住帰国した。

◇　◇

50歳間近の身に、慣れない祖国は苦労が絶えなかった。日本語が話せない。働き先の原発建設現場では言葉が分からず、怒鳴られてばかり。同じ職場の残留孤児と励まし合い、歯を食いしばった。仕事の合間に日本語の教本を開き、テープを繰り返し聞いた。努力を重ねたが、「なかなか覚えられなかった」。

家族も一緒に移住しており、中国に帰る選択肢はない。幸い、中国で一時働いた旋盤工場での経験が生き、鉄工所に新たな職を得た。ここでは日本語が苦手でも、図面を見て黙々と作業をすればいい毎日。定年まで約10年間働いた。

97年には財団法人の招きで養母の宋氏さんが来日し、サダさんと柏崎駅で顔を合わせた。何度も感謝の言葉を繰り返すサダさん。宋氏さんはサダさんの手を握り、じっと見つめた。2人の目に涙がにじんだ。

「鳳閣と一緒にいたい」。宋氏さんは94歳で亡くなるまで7年間、本間さんの元で暮らした。

戦争が終わった後も、満州では多くの人が亡くなり、多くの子どもが現地に残された。年月が過ぎ、心に積み重なった澱《おり》もある。「誰も悲しい思いをしない、平和な世の中が続いてほしい」。静かな口調で、そう繰り返した。

体壊し中国へ戻った兄弟

仕事探し難航、消えた笑顔

来日間もない残留孤児の兄弟2人は生き生きとした表情だった。兄弟の身元引受人だった島倉功さん(81)＝新潟市東区＝は、23年前の光景を今も鮮明に覚えている。

ただ兄弟は3年足らずで中国へ戻った。そして、相次ぎ病で亡くなったと知った。「日本での生活は、想像する以上につらかったんだろう」

◇　◇

中国の歴史が好きで、通っていた中国語教室の友人に勧められ、1996年に中国残留孤児の身元引受人に登録した。翌97年、50代後半の兄弟と、弟の妻である中国人の身元を引き受けた。

下越地方で生まれた3兄弟は、幼少のころに満蒙開拓団として一家で満州に渡っていた。ソ連侵攻で一家は逃げ惑った。父親はシベリアに抑留され、母親は生きるため子ども3人を連れて中国人と再婚した。

母親と長兄が亡くなり、望郷の念が募った兄弟は永住帰国を決意した。新潟市の市営住宅で暮らす2人の元へ、島倉さんは毎日通い生活を助けた。親戚に宛てて、日本で頑張ろうと切々とつづった手紙の内容も知った。応援したい。

「2人は病になるほど、日本での生活が大きなストレスだったのではないか」と話す島倉功さん＝新潟市東区

そんな思いに応えるように、兄弟は「日本語を覚えたい」と教室に通い始めた。しかし、50代後半の年齢が壁になるのか思うように覚えられない。次第次第に、足が遠のいたという。

家にこもりがちになった兄弟に、市営住宅の管理人が、隣の棟で暮らす中国人の留学生一家を紹介してくれた。一家はいつも2人を気に掛けてくれた。島倉さんは「中国語で話せることがストレスを和らげてくれたようだった。表情に明るさが戻ってきた」と振り返る。

しかし、現実は簡単ではない。仕事探しに難航した。知人の紹介でやっと見つけた仕事は、ほこりが舞う作業場だった。2人は首を縦に振らない。「ほかにいい仕事はない」と何度説得しても、だめだった。

兄弟が日本に帰国して2年がたったころ、

弟はがんを発病し、入退院を繰り返すようになった。2人から笑顔がなくなったことが気になっていた。

そんなある日、突然「中国に帰ったようだ」と通訳から連絡が来た。一言もなく中国に戻ったことに、「あぜんとした。正直、憤りさえ感じた」。

しかし、しばらく時間が過ぎると「自分も同じ立場なら、中国に帰ったかもしれない」と思えるようになった。日本語を覚え、専門技術を身に付けて自立した残留孤児も知っている。「でも、年を取ってから日本に来た普通の人には、そんなふうにできない人もいる」

◇　◇

兄弟の身元を引き受けた当時、満州で2人が経験したであろう恐怖や悲劇を想像し、詩にしていた。

逃げては伏せ、伏せては走る
兄弟は地獄を見た
父ちゃんと母ちゃんと離ればなれになってしまった
なぜ戦争になったのかと考える
人間には知恵があり、心があり、言葉がある
再び戦争を繰り返してはならない

戦後75年の今年（2020年）、詩を思い出して曲を付けた。戦争で絶望し、戦後も苦しみ続けた兄弟を思い、「日本は残留孤児に罪深いことをしたと痛感する。曲には、二度と戦争を起こしてはいけないという思いを込めた」。曲のタイトルは「戦争は愚かなり！」とした。

県内76人帰国　高齢化が進む

中国残留孤児の帰国事業は、1972年の日中国交回復により本格化した。80年代に帰国者が増え、87年度に最多の273人が永住帰国。90年代後半まで、毎年100人以上の年が多く続いた＝グラフ（上）参照＝。

厚生労働省が認めた残留孤児2818人のうち、2557人が永住帰国している（2020年7月末現在）。

本県は1973年度の1人を皮切りに、これまでに76人が永住帰国を果たした＝グラフ（下）参照＝。県外への転出や中国への帰国、死亡などがあるため、8月1日現在で県内に暮らすのは13人。70歳代が6人、80歳代が4人、90歳代が3人と高齢化が進んでいる。

帰国事業が始まった当初は、残留孤児が調査団として訪日し、身元を調べてきた。残留孤児が高齢化し、身元の判明率も低くなったことから、2000年度からは中国現地で日中共同の調査をして孤児を認定している。

しかし、11年度以降は帰国者ゼロの年が多くなっている。本県は05年度の帰国者が最後。身元引受人も1999年以降、新たな登録者はない。

また、帰国者への自立支援策や早期帰国措置を巡っては、国の施策が不十分だとして、残留孤児らが2002年以降、国家賠償を求め全国15地裁で集団訴訟を起こした。

国は08年度に、新たな支援給付制度を創設。3分の1だけ支給していた基礎年金を満額支給とした上で、生活が厳しい世帯にはさらに給付金を支給するなど改善した。これを受け、集団訴訟は取り下げられた。

中国残留孤児の永住帰国者数の推移

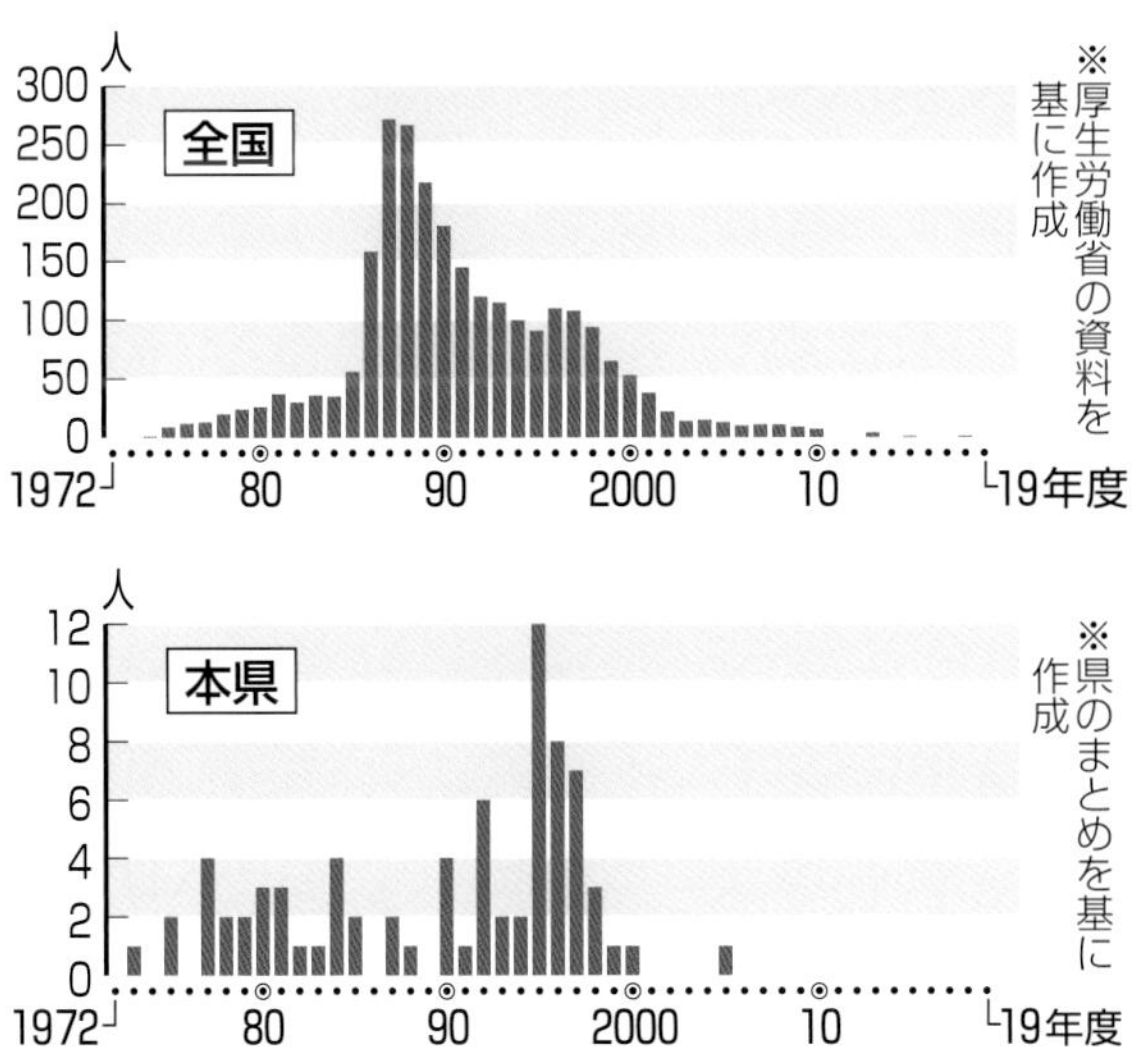

焦土と化した列島

備えむなしく火の海に

太平洋戦争末期、日本列島は苛烈な空襲にさらされた。民間人を中心に多くの人々が命を落とした。長岡市も1945年8月1日深夜から大量の米軍爆撃機「B29」による攻撃を受け、街は火の海となった。

投下された爆弾量は約925トン。大半が焼《しょう》夷《い》弾だった。1発当たりに小さな弾38発が束ねられ、空中で分解する構造だ。あらゆるものを焼き払う。長岡市民の頭上に16万発以上が降り注いだ。

37年に施行された防空法には「応急消火義務」の規定があり、市民は消火に当たるよう求められた。長岡でも空襲に備え、バケツリレーをはじめとする訓練に取り組んだ。消火のための道具も準備した。

しかし、圧倒的な量の焼夷弾の前には、あまりにも無力だった。

75年前、長岡と同じように全国各地の街は、無差別に焼き払われた。

長岡駅に近い、現在の「すずらん通り」に当たる市中心部で、防火訓練に励む長岡市民（長岡戦災資料館提供）

苛烈な空襲 全土が戦場

太平洋戦争末期、国内では40万を超える人々が米軍を中心とした連合国軍の空襲で亡くなった。大量の爆弾、焼夷弾を搭載できるB29による爆撃は大都市から始まり、長岡市のような中小都市にも及んだ。焦土と化していく日本列島。それでも軍部は本土決戦を唱え、戦争は長引いた。幼い子どもをはじめ、多くの民間人が巻き込まれた。犠牲者は日々増えるばかりだった。

（報道部・高橋央樹、井川恭一、東京支社・横山志保、グラフィックは整理部・佐藤仁）

地獄絵図 無数の命奪う

サイパン島陥落が転機

空一面を覆い尽くすような数の爆撃機が、街に焼夷弾の雨を降らせた。1945年3月から終戦までの間、日本列島は特に激しい空襲下にあった。無差別爆撃は大都市だけでなく、地方の中小都市へと拡大していった。地上に広がったのは、地獄絵図だった。

「東京大空襲・戦災資料センター」が『決定版　東京空襲写真集』（2015年刊行）で、各地の地域史などを基にまとめた数字では、空襲による死者は約41万3千人に上る(原爆による被害を含み、軍人・軍属は除いた場合がある)。

しかし、この調査を含め、被害の実態は75年を経た今も全容がつかめていない。国が1949年に公表した経済安定本部の調査では、死者は約30万人(沖縄県を含まない)としている。各種の調査があるが、死者数は二十数万から100万人と幅がある。

本県では1500人超の死亡が確認されている。長岡空襲では、判明しているだけで1488人が亡くなった(民間人のほか、軍人・軍属を含む)。しかし、長岡戦災資料館によると、死者の名簿には海外出身者らが含まれていない。他にも把握できていない人々がいると考えられ、実際の死者数はさらに多いとみる。

米軍が本土を初めて空襲したのは、42年4月18日だった。東京や名古屋、神戸などが被害に遭った。いわゆる「ドゥーリトル空襲」で、本県にも爆弾が落とされた。

4月20日付の「新潟日日新聞」は「小癪《こしゃく》 新津郊外に投弾」の見出しで伝えている。記事には新津町(現・新潟市秋葉区)郊外の砂原と田んぼに着弾し、被害はなかったことが書かれている。

その後、44年6月ごろまで空襲はほぼなかったが、44年7月のサイパン島陥落によって状

各地の空襲被害

都道府県別の死者数

北海道	1334人
青森	865
岩手	1070
宮城	1212
秋田	103
山形	37
福島	649
茨城	2214
栃木	673
群馬	1216
埼玉	467
千葉	1425
東京	107021
神奈川	5824
新潟	1558
富山	2805
石川	27
福井	1929
山梨	1174
長野	40
岐阜	1216
静岡	6337
愛知	10139
三重	3068
滋賀	43
京都	132
大阪	13123
兵庫	11107
奈良	36
和歌山	1733
鳥取	106
島根	33
岡山	1772
広島	142430
山口	2276
徳島	1472
香川	1409
愛媛	1207
高知	647
福岡	4374
佐賀	187
長崎	71695
熊本	939
大分	400
宮崎	565
鹿児島	4608
沖縄	371
	41万3068人

※「決定版 東京空襲写真集」より。東京大空襲・戦災資料センターが各地の地域史などを基にまとめた数字

長岡空襲		東京(下町)大空襲
1488人	死者数	約10万人
125機	攻撃機数	279機
924.3トン	投下量	1665トン
1万1986戸	焼失戸数	約27万戸

※長岡戦災資料館より　※東京大空襲・戦災資料センターより

死者1000人超の主な空襲

日時	地域	日時	地域	日時	地域
1945年 3.10	東京(下町)	6.18	浜松	7.9	堺
3.13	大阪	6.19	静岡	7.9	和歌山
3.17	神戸	6.28	佐世保	7.19	福井
4.13	東京	6.29	岡山	8.1	長岡
4.15	東京・横浜(川崎)	7.1	呉	8.1	富山
5.25	東京(横浜・川崎)	7.3	高松	8.6	広島
6.9	名古屋	7.3	徳島	8.7	豊川
6.17	鹿児島	7.6	明石	8.9	長崎
		7.6	甲府		
		7.9	仙台		

※「日本の空襲10 補巻 資料編」(三省堂)記載の一覧表を基に作成。大阪は「日本の空襲6 近畿」を参照

※背景の写真は攻撃目標が記された長岡地域の「リト・モザイク」(長岡戦災資料館提供)

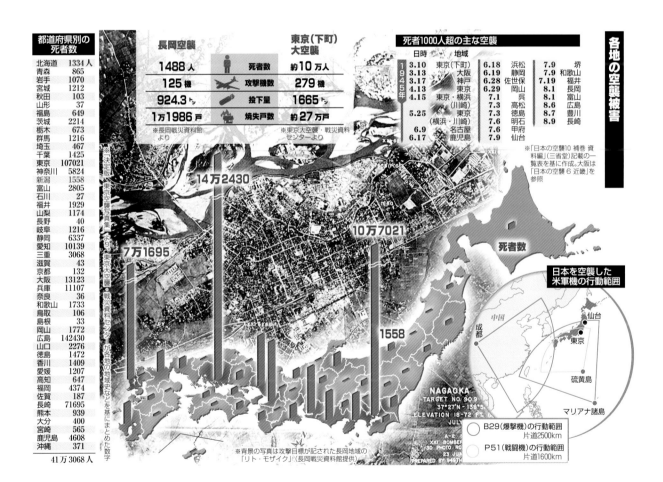

況は一変した。サイパン島を含むマリアナ諸島に飛行場が完成すると、本土空襲が本格化した。

マリアナ諸島に基地ができる以前は、中国・成都が基地だった。しかし、攻撃可能な範囲は九州北部までで、補給も困難だった。

米爆撃機「B29」が爆弾約8トンを積んで飛行できる片道の行動範囲を2500キロとすると、サイパン島を起点にすれば東北から沖縄まで、列島の大部分が空襲可能な範囲に含まれた。

45年3月に陥落した硫黄島は、戦闘機の基地となり、爆撃機の中継地点にもなった。「P51」などの戦闘機は爆撃機を護衛した。

そして「空襲」は爆撃だけではなかった。基地を飛び立った戦闘機は、機銃やロケット弾によって本土の地上施設や港湾などを攻撃した。太平洋上に展開した空母から飛び立った艦載機も同様に本土を襲った。

地域によっては、艦船から砲弾を撃ち込む艦砲射撃で被害を受けた。艦砲射撃を空襲に含む場合もある。

爆撃対象 地方へと拡大

上陸見据え破壊を徹底

本土への空襲は1944年11月以降に本格化した。米軍を中心とした戦略爆撃は、大きく3段階で攻撃対象を拡大していった。

初期は軍事施設や軍需工場などの生産拠点を破壊することを目的とした精密爆撃だった。45年3月10日の東京(下町)大空襲を境に都市の住宅地を焼き尽くす無差別爆撃へと変貌した。

東京のほか、大阪、名古屋など大都市を標的としていたが、6月中旬以降は地方の中小都市へと拡大された。長岡空襲は地方都市を狙った第3段階に当たる。

東京大空襲以前の「精密爆撃」は、日中に上空8千~1万メートルほどの高高度から爆弾を投下した。だが、十分な成果は出なかった。本土空襲や長岡空襲を研究する長岡戦災資料館のアドバイザー、星貴さん(60)は「高高度からピンポイントで目標を攻撃することは難しかった。攻撃によって日本の士気も落ちなかった」と指摘する。

米軍は精密爆撃から、大量の焼夷弾で都市ごと焼き払う方針に転換した。星さんは「日本では工場と住宅地が明確に分かれていないことなどを理由に、無差別爆撃を強行した」と語る。

星貴さん

米軍の方針転換には、一つの契機があった。星さんは実働部隊の指揮官交代を挙げる。「ドイツへの空襲で名を挙げていたカーチス・ルメイが戦略爆撃部隊の指揮官となり、軍上層部の作戦を実行に移した」

ルメイが指揮した空襲は、反撃を受ける危険性が高い4千メートルほどの低高度から、夜間に焼夷弾をばらまく方法だった。低空で標的に当たりやすい半面、夜間は目標が見えづらい。先導隊が投下した大型の焼夷弾の炎を目印に、後続機が焼夷弾を落とす戦術だった。

大都市から地方都市へと攻撃が拡大された背景について、星さんは「連合国側が九州を手始めに、日本本土に上陸して壊滅させる作戦を立てていた」ことが要因の一つとみる。

※長岡戦災資料館のデータと模型

沖縄では多くの民間人を巻き込んだ地上戦が行われた。上陸した米軍にとっても多くの死傷者を出す事態となった。「本土に上陸する前にできる限りの都市を焼き尽くし、反撃を抑えることが狙いだった」

地方都市へ空襲が広がったのは、沖縄で組織的な戦闘が終結した6月以降だった。そして8月1日深夜からの空襲で、長岡の街は徹底的に破壊された。

本県の犠牲者1500人超

『新潟県史』によると、1945年4月13日以降、本県では偵察や伝単(宣伝ビラ)の投下を含め、24回の飛来があった。うち8回は新潟港への機雷投下だったとしている。ただ、新潟市は機雷投下を計12回(うち2回は不明確)とし、正確な状況は分かっていない。

判明しているだけで1488人の死者を出した長岡空襲は、1945年8月1日午後10時半から翌2日午前0時10分まで続いた。マリアナ諸島・テニアン島の飛行場を飛び立った136機のB29のうち、125機が長岡の街に焼夷弾を中心とする計924・3トンを投下した。当時の人口約7万4500人のうち、78・9%に当たる5万8761人が被災した。全戸数の約8割に相当する1万1986戸が焼失した。

新潟市では戦闘機から機銃などで攻撃を受けた「新潟空襲」で、軍人・軍属を含む47人の死者が出た。

ほかにも各地の市史などによると、航空機による機銃掃射が行われた「坂町空襲」(村上市)で3~4人の死者が出た。爆弾が投下された直江津(上越市)と柏崎でそれぞれ2人が亡くなった。柏崎に投下されたのは模擬原爆で、死者は3人ともいわれる。模擬原爆は阿賀町にも投下されたが、人的な被害はなかった。

機雷による被害もあった。新潟市によると、戦中だけでも新潟港一帯で83人が亡くなった。被害は戦後も続き、少なくとも新潟市で6人、上越市で63人、佐渡市で4人の死者が出た。

県内では空襲と機雷による戦中の死者は少なくとも1625人で、戦後を合わせると1698人となる。

復興に向けた歩みを始めた頃の長岡市内。坂之上町3から長岡駅方面を撮影=長岡戦災資料館提供

長岡 人口規模で標的に
原爆投下候補 新潟は除外

本県で大規模な空襲を受けたのは長岡だけだった。

長岡戦災資料館のアドバイザー、星貴さんは米軍資料の分析や元軍人への聞き取りなどを行い長岡空襲の研究を続けている。長岡だけが攻撃を受けた理由について「人口規模の順番で長岡が標的になった。新潟市は原爆投下の候補地だったために空襲の目標から外れた」と語る。

米軍の空襲は周到に準備されたものだった。空襲前に攻撃目標の街を調べ上げた。長岡空襲に関する作戦資料には「地形の特徴から人口の規模、鉄道や工場の名前、位置などまでも記載されていた」という。

星さんによると、米軍の空襲はどの地域で

もほぼ同じやり方で行われた。まず、事前に撮影した航空写真をつなぎ合わせた「リト・モザイク」と呼ばれる作戦図を作成する。写真上に直径2・4キロの円を落とし込んで、最も多くの住宅地が含まれる地帯を攻撃目標とした。人口が多い東京などでは、円の数が増えた。

また米軍は、全国180都市を対象に人口規模などから攻撃目標とする順位を付けていた。県内では新潟市が32番目に入り、長岡市は73番目だった。三条市は135番、高田市（現・上越市）の168番、柏崎市が172番と続いた。

95番目までに入る都市のうち、約6割が大規模空襲を受けた。広島（7番目）・長崎（12番目）は大規模な爆撃はなく、原爆が投下された。京都など原爆投下の候補地は無差別爆撃の目標から外れた。焼夷弾による空襲では十分な効果が出ないと判断された都市や北海道の都市も標的とならなかった。

星さんは「長岡空襲は攻撃目標の優先順位に基づいて行われた。かつては山本五十六の生誕地だから空襲の標的になったと言う人もいたが、米軍の資料や関係者の証言からは特別な意図は見いだせない。空襲とは無関係と言える」との見方を示す。

星さんは「人口の規模や米軍の優先順位から見て、戦争が長引けば高田や三条なども攻撃されていた可能性が高かった」と語る。

地方都市への空襲は6月以降に激しさを増した。7月26日に日本に降伏を勧告する連合国のポツダム宣言が発表され、8月14日に日本は受諾を伝えた。

「宣言を7月中に受諾していれば、長岡空襲も、2発の原爆投下もなかった。一億玉砕、徹底抗戦という精神が結果的に多くの悲劇につながった側面がある」

バケツ 防火水槽 火たたき
「三種の神器」通じず

バケツに防火水槽、それに「火たたき」。長岡戦災資料館の貝沼一義館長（63）はこれらを「空襲による火災を消すための『三種の神器』でした」と説明する。

資料館にある復元した火たたきは、竹の棒の先に長さ40センチほどのわらの縄が12本付いている。「縄を防火水槽の水に漬けて、火元をたたいて消すんです」

ただこれらの備えは、焼夷弾の猛威の前には役に立たなかった。

長岡市に落とされた「E46焼夷弾」は38発の「M69子弾」を束ねたもの。子弾にはゼリー状の油脂「ナパーム」が詰まっていた。投下後、空中でばらばらになった子弾は屋根を貫通したり、地面に着いたりした衝撃で信管が反応。引火したナパームが辺りに飛散した。

米軍の使用した焼夷弾は、日本に木造家屋が多いことを踏まえ、研究を重ねて製造され

写真 (上)E46の模型 (中)M69の不発弾 (下)発火したM69の筒 いずれも長岡戦災資料館所蔵

たものだった。それが大量に落ちてくる。さらに「ナパームは水を掛けても消せなかった」と貝沼さんは指摘する。

本土空襲が激しくなる中、防空壕《ごう》の存在も注目された。県知事は1945年春、長岡市に対し、防空壕300カ所を造るよう指示した。8月1日の空襲までに263カ所が完成した。さらに、各家にも掘ることが促されていた。

ただこちらも焼夷弾には有効と言えず、多くの人が防空壕の中で命を落とした。貝沼さんは「酸欠や一酸化炭素中毒などで亡くなったとみられる」と話す。

消火作業に使う「火たたき」を手に、当時の使用方法のイメージを再現する長岡戦災資料館の貝沼一義館長＝長岡市の長岡戦災資料館

「空の要塞《ようさい》」と称されたB29に対する攻撃の手段も限られていた。長岡市では迫撃砲を撃ったという話が残っているが、射程外で届かなかった。

『新潟市史』には、市内に配置された高射砲が初めてB29を狙ったのは45年6月20日とある。機雷を投下に来たB29を攻撃したが、撃墜できなかった。その後、7月20日の空襲では、1機に命中させ、B29は横越村（現新潟市江南区）に墜落した。

徳島大空襲

「ザーザー」「カラカラ」

焼夷弾　落下音は独特

落ちてくるとき、「ザーザー」に「カラカラ」が重なる独特の音がした。

1945年7月3日深夜から4日未明にかけ、130機ほどのB29が徳島市を襲った。『徳島市史第6巻』によれば、約1千人が亡くなった。徳島大空襲を経験した福田好己さん(88)＝新潟市西蒲区＝は、焼夷弾が落ちてきた夜をまざまざと覚えている。

旧制徳島中学の1年生だった福田さんは、空襲警報の音と飛行機の爆音で目を覚ました。家から表に出てみると、空にはB29の姿があった。すぐに防空壕に逃げ込んだが、煙で息が苦しくなり、外に出た。

福田好己さんは10年ほど前、徳島空襲の体験を手記としてまとめた。「少なくとも自分の子ども、孫には苦しかった体験を知ってもらいたい」との思いを込めた＝新潟市西蒲区の自宅

「ザーザー　カラカラ」という音は初め、何なのか分からなかった。「近くの家に落ち、火を噴いた」のを見て焼夷弾だと感じた。威力を目の当たりにした。

福田さんの家の前の道は、避難する人で身動きができないほどだった。そこにゼリー状の油脂「ナパーム」やマグネシウム合金などでできた焼夷弾が落ちた。「直撃された人を見掛けた。即死だ。地面に落ちると、あっという間に炎が出て、人が火だるまになっていく」。手の施しようがなかった。

真っ黒に焦げた息子の遺体のそばでわが子の名前を叫ぶ町内のおばさんも見掛けた。息子は福田さんの遊び友達だった。大粒の涙を流すおばさんに、何も言葉を掛けられなかった。

空襲に備え、近所の人と一緒に消火訓練を繰り返してはいた。焼夷弾が家に落ちたという想定で、防火水槽の水をバケツでくみ、リレーをして屋根に運び、消し止める段取りだった。

実際の空襲では、役に立たなかった。とにかく焼夷弾が次々落ちてくる。「当時は消えるもんだと思って訓練をしていたんですが」

消せない火の海、そしてゴーゴーと風も吹き、たまらなく熱い。福田さんは家々の間の用水路を這《は》って、裏の田んぼに向かった。火の粉が降り注ぐ中、水路の水に顔や体を浸し、進んだ。万一のときの逃げ場と考えていた河口の塩田に向かい、何とか助かった。家は焼けたが、両親ともに無事だったのは幸いだった。

空襲後、街の様子を見に出掛けた。防火水槽には、水を求めた人が頭を突っ込んだまま、亡くなっていた。街のそこら中に遺体があった。街頭では地元の新聞社の号外も読んだ。被害は軽微とあった。「これが軽微かよ」。目の前の惨状とはあまりに落差があった。

大都市だけでなく、中小都市にまで広がっていった米軍の爆撃。「空襲の前までは徳島がやられるとか、戦争に負けるということは頭になかったけど、これはだめかと」。大空襲を境に福田さんはそう感じた。

坂町駅銃撃

とっさの判断で命拾い

村上市にあるJR坂町駅のすぐ脇に、旧荒川町が建立した「平和祈念の碑」がひっそりとたっている。終戦間際の1945年7月17日、米軍の戦闘機による銃撃で3人が亡くなったと刻まれている。

祈念碑の横で、間一髪で命拾いした75年前の銃撃について語る涌井廣作さん＝村上市のＪＲ坂町駅脇

「海の方から来たみたいだった」。勤労動員で坂町駅に駆り出されていた新発田市の涌井廣作さん(89)は碑《いしぶみ》の横に立ち、空を指しながら、当時を思い起こした。

旧制村上中学(現村上高校)の1年生だった涌井さんは学校の仲間と一緒に、石炭や物資の積み降ろしに当たるのが任務だった。

銃撃のあった17日午前10時ごろは、駅のホームの上にいた。突然、エンジン音がした。空を見ると、戦闘機がぐんぐん迫ってくる。「機銃を撃っているのか、ピカピカピカという光が見えた」。とっさに線路に下り、ホームの壁に身を寄せて、伏せた。銃撃は体の横数メートルのところを通り抜けていった。そして、すぐにもう一度、銃撃があった。

戦闘機が去り、駅のホームを見ると、何人もの人が倒れていた。今の3、4番線の辺りだった。レールにも穴が空いていた。

当時、空襲警報は出ていたが、警戒はしていなかったという。「貨物のターミナルもあったので狙われたのか。線路に下りて、本当に命拾いをした」と生死を分けた瞬間を振り返る。

銃撃の様子は『村上高等学校百年史』にも載っており、こちらでは4人が亡くなったと記されている。一方、東京大空襲・戦災資料センターによる全国被害のまとめには、坂町駅銃撃の死者は計上されていない。小規模なものも含め、全国でどれほどの空襲や銃撃があり、被害者がいたのか。戦後75年がたっても、なお全容は分からない。

「まさか、こんな田舎が襲われるとは」と語る涌井さん。南方の島を次々と落とされ、制海権、制空権も失った日本に対し、米軍は都市部、地方を問わず、攻撃を仕掛けていた。

戦後補償

「せめて氏名記録を」

空襲による民間人の犠牲者は全国で数十万人に上るが、国による補償制度はない。国や東京都に対し、犠牲者の調査や補償を求めている東京空襲犠牲者遺族会の榎本喜久治会長(86)は「空襲で日本全土が戦場となった。そういう感覚で被害者のことを考えてもらいたい」と訴える。

国は旧軍人・軍属へ年金などを支払う一方で、空襲被害者や遺族への補償は行ってこなかった。２００７年に東京、08年に大阪で国を相手取り謝罪と補償を求める集団訴訟が提起されたが、最高裁でいずれも敗訴が確定した。

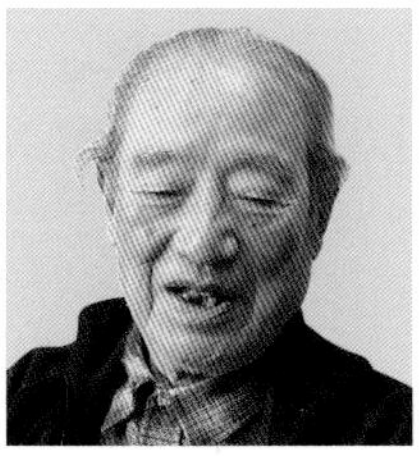
榎本喜久治会長

榎本さんは「国は補償はおろか、空襲についての調査や記録にも十分に取り組んでいない。正確な死者の数も、その氏名も分かっていない。戦後75年間、行政は空襲の問題について何もしてこなかったも同然だ」と語気を強める。

裁判を支援した遺族会などは現在、救済法の成立を目指して活動を続けている。榎本さんは「金銭より、国に責任を認めてほしいという思いだ」と強調する。

75年という年月も重くのしかかる。ピーク時に１０００人いた遺族会の会員は現在３００人。終戦時に小学生だった榎本さんたちの世代は空襲当時疎開しており、被害体験はない。「5年もすれば当事者で生きている人は少なくなるし、空襲体験を語れる人はもっと少ない。空襲の実相をあいまいなままにしておけない」と危機感を募らせる。

特に遺族会が重要視するのが、被害者の氏名記録だ。東京は度重なる空襲で終戦までに10万人以上が亡くなったとされるが、都が管理する犠牲者名簿に載っているのは8万１０００人にとどまる。榎本さんは「遺族の声を受けて都が名簿作成を始めたのは１９９９年になってからだ」と指摘する。

遺族らは自主的に名簿作成の活動を続けてきた。取り組みが報道されたのをきっかけに、本県の女性から手紙が来た。本県から勤労動員で江東区の工場で働いていた9人も空襲で亡くなっていたという情報提供だった。

「地元では知られていたようだが、こちらの記録にはなかった。たまたま地方から東京に来て亡くなった人は多いはずだ」とみる。遺族会の元にはこれまでに約1万人の情報が届けられたが、民間の活動には限界もある。「行政がもっと積極的に全国で情報収集をするべきだ」と求める。

２０２０年の夏で49号を重ねた遺族会の会報名は「せめて名前だけでも」。遺族会の活動で合言葉のように使われていた。「全土で空襲を受け、多くの一般人の命が奪われた。これを次の世代に伝えていくためにも、民間任せでなく、国としてこの問題と向き合ってほしい」と言葉に力を込めた。

たぐる―記憶と記録

戦地で記者の祖父は…

異国の地 生死紙一重

兵籍簿などで足跡たどる

13年前に亡くなった父方の祖父小柳寛（享年87）は太平洋戦争中、ビルマ（現ミャンマー）に出征した。ビルマといえば、日本軍のインパール作戦や日英両軍が激突したイラワジ会戦で知られる。しかし、祖父から戦闘の話を聞いたことはなかった。ずっと、現地での祖父の姿を知りたいという思いがあった。ことし（2020年）、戦後75年関連の取材に携わったのをきっかけに、その思いを実現させようと思った。本人の言葉を聞くことができなくなった今、軍歴が記された「兵籍簿」などの資料から、祖父の足跡をたどった。

（報道部・小柳香葉子）

具体的な行動を知るため兵籍簿を県から取り寄せた。入隊は1943年10月、新発田の歩兵第158連隊だった。44年1月に独立守備歩兵第42大隊の補充兵として新発田を出発。4月にビルマ南端のメルギー（ミエイ）に到着した。この時、独立歩兵第140大隊に転属と記されていた。兵籍簿と同時に取得した「部隊行動略歴」によると、任務は防衛だった。

メルギーは悲惨な戦場となった北部や中部からは離れた港町だ。軍歴を見るとさらに2回部隊を転属していた。ほかの町にも行ったのだろうか。「防衛」といっても具体的に何をしていたのか。穏やかだった祖父が戦場で手柄を立てようとしていたとは想像できない。

所属した部隊の資料を探して陸上自衛隊新発田駐屯地白壁兵舎広報史料館を訪ね、祖父の部隊と同じ旅団に所属した部隊の記録『独立歩兵第百三十八大隊戦史』を見つけた。

この記録によると、ビルマ方面軍の主要な補給路線を守ることが旅団の目的で、海岸からの敵の上陸に備えて陣地構築を行っていたとある。葛塚町（現新潟市北区）の農家出身の祖父にとって穴を掘るなどの作業は手慣れたものだったはずだ。

祖父の部隊が参加したとは書かれていないが、メルギーから移動して敵と激しく交戦した部隊もあった。祖父は何度も部隊が替わっているが、ずっとメルギーの駐屯地で防衛の任に就いていたと推測できる。メルギーでは空襲や爆撃があったという復員者の体験記もあった。日本兵のほか、現地の民間人にも犠牲者が出たようだ。

今回当たった資料によれば、メルギーには日本の財閥の事務所があり、日本人に友好的な現地の人もいた。一方で、「慰安婦を探した」などの記録もあった。現地の人にとっては日本兵の存在が平和を脅かしていた。

絵が好きだった祖父は、ビルマでも絵を描き、日本に持ち帰っていた。絵を描いていた祖父は現地の人々にどう思われていたのだろう。

祖父は無口だったが、家族がビルマでの経験を聞くと、食糧難の思い出を語り「ドリアンはとてもうまかった」などと話した。「じいちゃんは人を殺したことがあるの」。幼いこ

祖父が従軍中に描いたビルマの女性たち

ろ、単刀直入に聞いたことがあるが、どんな言葉が返ってきたか覚えていない。

　祖父の絵をあらためて見る。ロンジーという民族衣装をまとった女性に、ドリアンやマンゴスチンなどの果物…。遠い異国で祖父が目にした物や光景を教えてくれる。

　今回の取材で、祖父は激しい戦場に動員される可能性があったことがうかがえた。生と死は紙一重だった。そんな中で一日一日を懸命に生きた若き祖父の姿が目に浮かんだ。

祖父の小柳寛。20代とみられる

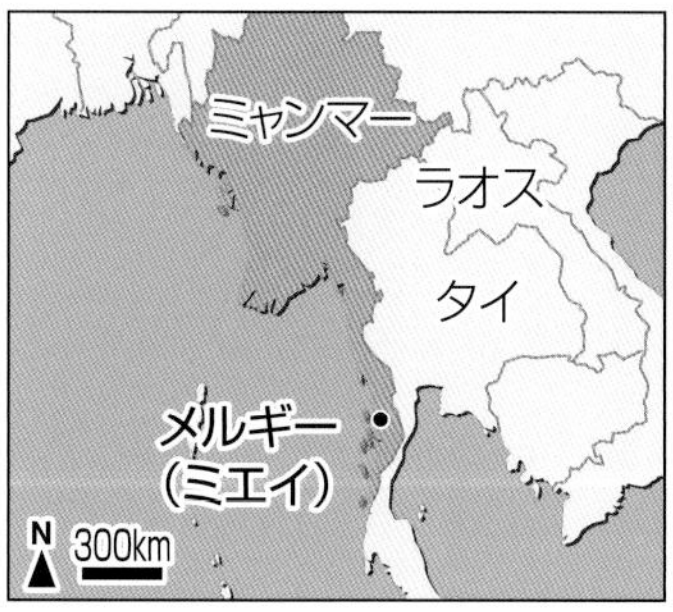

※国名・国境線は現在のもの。現在の地名は（ ）内に記した

兵籍簿

閲覧、交付　県に申請

　本県で兵籍簿の閲覧や写しの交付を希望する場合、県援護恩給室に問い合わせると、資料の有無を確認できる。

　申請は県庁の窓口か郵送で行う。本人であれば本人確認書類が必要。配偶者や3親等内の血族の場合はさらに続柄を証明する戸籍書類（コピー不可）が必要だ。通常は申請から交付まで2週間程度かかる。書類の作成には1部10円必要で、郵送の場合は別途、送料もいる。

　問い合わせは県援護恩給室、025（280）5180。


【兵籍簿】旧陸海軍の軍人・軍属の軍歴を記した人事記録。所属した部隊、行動歴、参加した戦闘などが書かれている。旧陸軍の記録は本籍のあった各都道府県が、旧海軍の記録は厚生労働省がそれぞれ記録を引き継ぎ保管している。関係者の請求によって写しの取得などができる。本県の場合、開示の対象は本人や配偶者、3親等内の血族など。

戦禍　静かに語り継ぐ

　戦争を生き抜いた人たちも多くが亡くなった上、その子どもも世代も高齢化し、戦争の記憶が少しずつ薄れていく。戦地で何があったのか。国や県が保管する軍歴の記録や、戦争体験者らが残した資料に当たれば、戦争の一端は垣間見える。ただ時間の経過による風化は避けられない。どう記憶と記録をたどり、戦争の悲惨さ、理不尽さを語り継いでいくか。年々、難しさを増している。

（報道部・小柳香葉子、高橋央樹、井川恭一）

父・一郎さんフィリピンで多数の部下失う

口を閉ざした胸中察す

　軍服や軍帽、革製のブーツ…。新潟市南区の桜井篤さん（70）の家には、父・一郎さん（2017年に98歳で死去）が陸軍歩兵第75連隊の軍人時代に使っていた品々が多く残されている。ただ一郎さんは戦争をほとんど語らなかった。どんな人生だったのか。死後、残された資料を当たると足跡が少しずつ分かってきた。

　桜井さんは「父は戦友と交流したり、フィリピンへ慰霊の旅に出掛けたりしていた」と振り返る。部下だった男性が記した回想録や戦友の名簿、文集などもあり、桜井さんが一郎さんの戦争を知る手がかりだ。

一郎さんの軍歴記録を示す兵籍簿と部隊行動略歴によると、1944年12月、駐屯していた朝鮮半島の会寧(現在の北朝鮮北部)を出て、フィリピンのルソン島北サンフェルナンドに上陸したとある。

兵籍簿にあるのはここまでだが、部下の回想録によれば、この時一郎さんは大隊砲小隊長だった。すぐに移動を開始し、ナギリアンで陣地を構築した。

最大の激戦に遭ったとみられるのが45年3月だ。敵に包囲された味方の救出のため、上陸地の北サンフェルナンドに戻った。一郎さんが率いた大隊砲小隊は前後二手に分かれて作戦を展開。小銃と手りゅう弾で斬り込んだ小隊の仲間は全員が戦死したという。

歩兵第75連隊時代の桜井一郎さん

75連隊の復員者の記録によると、ルソン島上陸時の兵員は2353人だったが、終戦時には7割近い1596人が戦死または行方不明となった。

一郎さんが亡くなった後、部下の回想録など当時の記録にじっくり目を通したという桜井さん。「フィリピンで多くの部下が戦死したことを初めて知った」と振り返る。なぜ生前、家族に戦争体験を語ろうとしなかったのか、少し分かったような気がした。

一郎さんは40年に入隊してからフィリピン出兵までのほとんどを会寧で過ごしていた。桜井家に残っている軍服などは一郎さんの部下が会寧から庄瀬村(現新潟市南区)の実家に送ってくれたそうだ。そのため、汚れやほつれはなくきれいな状態だ。桜井さんは「父が大切にしていて処分はできない」とし、展示や保管を任せられる資料館へ寄贈したいと考えている。

「自分が若い時はそんなに興味がなかった」と桜井さん。残された資料を読み、断片的に一郎さんの体験を知ることができた。部下を率いる立場だったことは「老人会の会長や民生委員などを務めていた姿につながる」という。それでもなお分からないことは多い。「フィリピンや会寧でどんな生活をし、どんな気持ちで過ごしていたのか聞いてみたかった」

一郎さんの軍隊時代の品々を手に取る(右から)妻ヤスさん、長男篤さん、次男崇さん＝新潟市南区

父・平三郎さん キスカ島から「奇跡の撤退」

共に見た映画でひもとく

1965年夏、太平洋戦争中にアリューシャン列島のキスカ島を守っていた日本軍の撤退作戦を描く映画が巻町（現新潟市）の「藤見座」で上映された。

映画館の入り口には「この作戦に参加した勇者が巻町に4人います」という看板が立っていた。渡辺平生《ひらお》さん（64）＝新潟市西蒲区＝の父平三郎さんはその一人だった。当時小学生だった平生さんは父と一緒に招待され、映画を見に行った。

横須賀海兵団に入団したころの渡辺平三郎さん＝1939年8月

映画は「太平洋奇跡の作戦　キスカ」。43年7月、米艦艇が待ち受ける中、日本海軍の艦船が濃霧にまぎれ、島に残る5200人全員を救出した様子を描いた。

キスカに近いアッツ島の部隊が米軍の攻撃により玉砕し、制空、制海権もない中、決死の作戦だったという。「父ちゃんはこの寒いところへ行ってきたんだ。助けの船が来たときはうれしかったなあ」。映画を見ながら、感慨深げに語ってくれたのを渡辺さんはよく覚えている。

平三郎さんは海軍第51通信隊の一員として42年9月、島に配属された。主計担当で「銃を持って戦うようなことはなかった」（渡辺さん）という。ただ島周辺には米艦艇がおり、頻繁に空襲もあった。戦死者も出ている。戦場だった。

だが平三郎さんは普段から寡黙で、戦争についても多く語らず、75年に57歳で亡くなった。

渡辺さんがキスカについて調べ出したのは4年前だ。映画をDVDで再び見る機会があり、通っていたアナウンススクールでも偶然キスカ島の話が出た。「それ、親父《おやじ》が行ったとこです」。亡き父への思いが重なり、スクールの朗読劇で撤退作戦を語る――という気持ちが高まった。

渡辺平生さん

関連する本を参考にシナリオを作った。国から軍歴も取り寄せた。「確かに行っていたんだ」。父の言葉が裏付けられ、自信を持って準備を進めた。

朗読劇は新潟市内で2017年夏に行った。「あ、船だ。阿武隈だ」。父と現地に一緒にいる気持ちになり、聴衆に語った。

戦争体験を知る人が年々少なくなることも、朗読劇で語ることを後押しした。

「戦争の悲惨さを直接は知らず、伝えられない」と渡辺さん。その上で、「でも私には父と映画を一緒に見たという原体験がある。後の世代に何を残せるか、考えたい」。同じことを考える人たちと一緒に、朗読劇を披露できたらと思う。

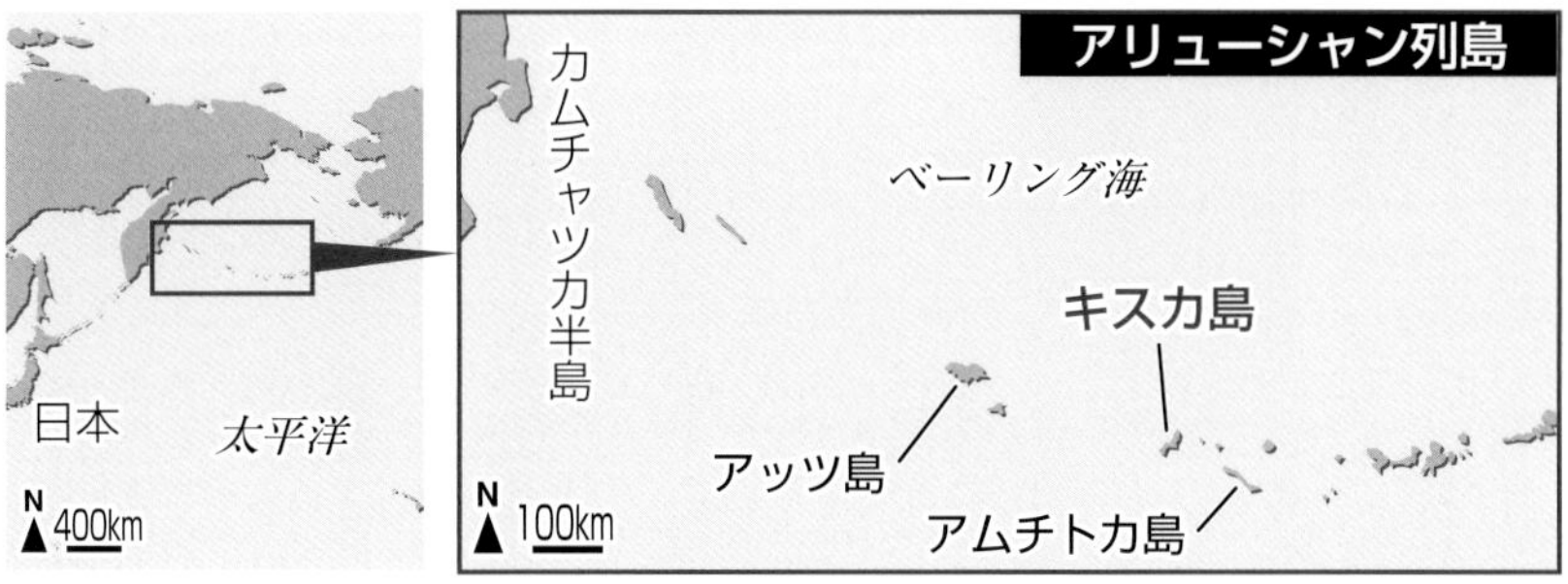

平三郎さんが亡くなり、45年となる。もっと話を聞きたかったという願いはかなわない。ならば「いつかキスカ島に行きたい」。新潟から直線距離で3400キロほど離れた北緯52度にある。「父がどんなところで1年近く生活をしていたのか、知りたい」。遠い地に思いをはせた。

【アリューシャン方面作戦】　太平洋の制海権確保や本土防衛のため、1942年5月に始まった。キスカ、アッツ両島を占領。最終的にキスカに5200人、アッツに2600人の守備隊を置いた。ただ米軍の反撃は激しく、アムチトカ島の基地からキスカを空爆するなど、日本は守勢に追い込まれた。43年5月には米軍1万1千人がアッツ島に上陸。日本軍の4倍で守備隊は玉砕した。キスカ島撤退では敵艦や敵機の攻撃を避けるため、濃霧の中、艦艇を突入させた。5200人が1時間弱で乗り込むといった機敏さもあり、成功した。

ゼロ戦の「イナーシャ」回した日々

伝えるため、証言集に寄稿

戦闘機のエンジン近くにクランク型の棒を差し込み、2人一組でグルグルと回す。けたたましい音を上げて、エンジンが始動する。

「いってこいや」──。75年前、堀三郎さん(96)＝長岡市＝は、桜島を眼前に望む鹿児島市内の基地を飛び立つ「ゼロ戦」(零式艦上戦闘機)を何機も見送った。海軍の整備兵だった。

「イナーシャ」と呼ばれる人力の始動装置(慣性始動機)で「最初は2人して回すけど、回転数が上がると2人の呼吸が合わねぇんだな。だから最後は1人でやる」。エンジンの始動と離着陸時の機体誘導が主な役割だった。同世代の若者が戦闘へ向かう度に「イナーシャ」を回し続けた。

基地が攻撃を受けた時の様子など、整備兵だったころを振り返る堀三郎さん＝長岡市

長男の清一郎さん(72)は、父の軍歴をほとんど知らなかった。それほど興味があるわけではなく、進んで聞くことはなかった。「どこで何をしていたのか、海軍か陸軍かも分からなかった」

三郎さんも自ら話すことはなかったが、5年ほど前、戦時の記憶を後世に残すための証言集に寄稿した。清一郎さんは初めて、戦中の父の様子を知った。

1944年、三郎さんは整備兵養成機関の河和海軍航空隊(愛知県)に入隊。半年の訓練後、第203海軍航空隊に配属され、鹿児島市内の航空基地(鴨池飛行場)で任に当たった。九州は本土防衛の拠点で、陸・海の軍施設が多く置かれていた。

鹿児島基地に在隊した飛行隊は、沖縄戦や本土防空に追われた。同じ県内の鹿屋(海軍)や知覧、万世(陸軍)などは多くの神風特別攻撃隊が出撃した記録が残る。

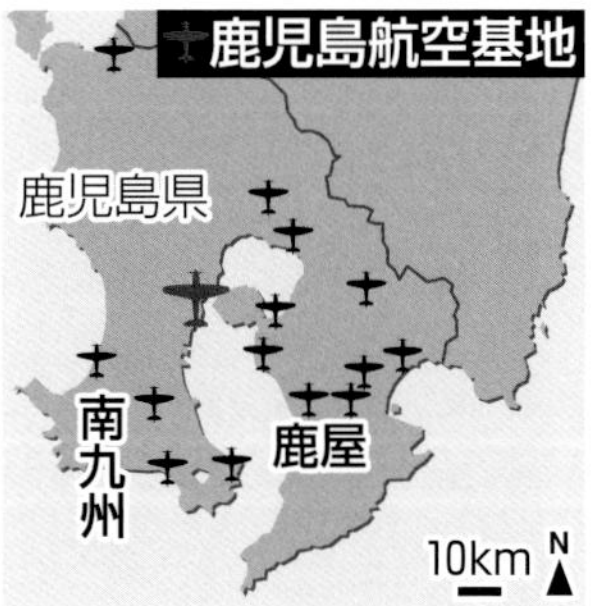

激戦が続く中、三郎さんの担当機が帰投しないこともあった。それでも「大将、帰ってこないなと思うぐらいで、余計なことなんて考える余地はねぇ」。気が抜けない日々が続いた。

基地はたびたび敵機の機銃掃射にさらされた。「タコつぼ」と呼ばれる塹壕《ざんごう》で、耳をふさいで身をかがめた。近くに着弾し、跳ね上げられた小石が体にぶつかった。「ただ飛行機が過ぎるのを待つだけ。おっかねぇとか大変だなんて考えはねぇんだ」

こうした体験は、厚生労働省が保管する軍歴を記した「履歴原表」などに記されていない。過去をたぐる重要な頼りは記憶となる。

清一郎さんは「75年も前のことで記憶違いや勘違いもあるだろうけど、話せる人たちが減っている中で、自分が伝えたいと思っているのではないか」と話す。

三郎さんは言う。「お互いに恨みもない者同士が殺し合いをするのが戦争だ」。証言集にはこんな一文も書いた。「『イナシヤ』を回さなければ多くの飛行兵を殺さないで済んだ」。空戦の末に戦死した飛行兵は、今も海中に眠っている。

兵籍簿

今も残る軍歴資料

県と厚労省保管

父や祖父、曾祖父らの軍歴が確認できる資料は、陸軍分は都道府県が、海軍と陸軍の一部は厚生労働省が保管している。本人や3親等内の親族らが閲覧や写しを取得できる。終戦間際の入隊者分など、記録が残っていない場合もある。

終戦または戦没時に新潟県に本籍があった陸軍関係者は、県援護恩給室が交付の窓口となる。資料には「旧陸軍兵籍簿（戦時名簿）」「陸海軍戦没者調査票」「陸軍身上申告書」「部隊行動略歴」の4種類があり、人によって残る資料は異なる。

「兵籍簿」は所属部隊や行動歴、参加した戦闘、賞典などが記される。「身上申告書」は、復員後に本人の記憶に基づいて書かれたもので、軍歴を補完する。

「部隊行動略歴」は所属部隊の編成地や移動した地域、参加した作戦などが書かれている。だが海外に展開した部隊だけで、一部の大隊や連隊の規模が基本だ。

「戦没者調査票」では、死亡した場所や要因などの概要が確認できる。

援護恩給室によると、県には約30万人分の兵籍簿が保管されている。

厚労省が保管する海軍の「履歴原表」には、所属部隊や階級、乗船艦名などが記されている。

一定の重みある情報

判読が難しい場合も

新潟県が提供する兵籍簿（戦時名簿）は、手書きで書かれた当時のものだ。小さな文字がびっしり並ぶ。

県援護恩給室によると、兵籍簿は故人の供養や慰霊を目的に取得する人が多い。石垣修室長は「亡くなった場所さえ分からないような遺族の方々にとっては、一定の重みのある情報が得られる。所属部隊や行動地域が分かるので、より詳細を調べるきっかけがつかめるのではないか」と話す。

県は２０１０年度から19年度までの10年間で１２２７件を交付した。年により43件から３０２件と幅があり、最多は戦後70年に当たる15年度だった。今年度（20年度）は10月末時点で１０４件交付されている。例年、申請は８月に集中するという。

兵籍簿の文字にはかすれや癖、略字などもあるため、判読が難しい場合がある。海外の地名では現在と呼び方が異なる例もある。

ことし（２０２０年）、従軍した父親の兵籍簿を取得した福井県鯖江市の下村保子さん（76）＝旧村松町出身＝は、字の判読に苦労した上に知りたい情報が得られず、ショックを受けた。「取り寄せても、読めないまま終わってしまう人もいると思う」と漏らした。

部隊行動略歴は、書式が整理され読みやすいが、部隊の単位は連隊や一部の大隊が基本だ。実際にはより少数の規模で行動することが多く、本隊と遠く離れて行動する例も少なくない。

部隊としての行動と、特定の個人の行動が必ずしも合致するわけではないことには、注意が必要だ。

兵籍簿など軍歴証明関連の資料が並ぶ県の文化財収蔵館＝新潟市西区

県人部隊　最前線で見たもの

戦禍の爪跡　まぶたに

太平洋戦争の激戦地には県人を中心とした陸軍の「郷土部隊」の姿があった。しかし、1941年12月の開戦からわずか1年余りで、戦局は悪化していた。歩兵第16連隊（新発田）が戦ったガダルカナル島での惨敗が、大きな転換点の一つとなった。44年3月に始まったインパール作戦には歩兵第58連隊（高田）が参加した。両連隊はビルマ（現ミャンマー）の激戦にも身を置いた。最前線で何を見て、何を思ったのか。何と闘っていたのか。残された記録と生還者の証言からたどる。

（報道部・井川恭一、高橋央樹、小柳香葉子）

インパール作戦従軍

「生きて帰る」強く意識

激戦、飢餓くぐり抜け

1944年3月、日本軍はインド北東部のインパール攻略を目指し、作戦を開始した。前線のコヒマにいた歩兵第58連隊の伍長佐藤哲雄さん（101）＝村上市＝は4月から5月にかけ、英軍の部隊と対峙《たいじ》していた。

緒戦の7378高地でけがを負い、復帰したばかりの佐藤さんの部隊は軽機関銃2丁と対戦車爆雷を渡された。

あるとき、上官から10台ぐらい並ぶ戦車を護衛する兵の攻撃を命じられた。こちらは軽機関銃2丁、敵は重装備だ。「こっちが撃てば、向こうから集中砲火が来る」。無策で臨むわけにはいかない。「隠れる壕《ごう》をもう一つ掘らんとだめだ」と考え、掘ってから攻撃。激しい戦闘となったが切り抜けた。

「撤退するとき、敵が来ても隠れるだけ。戦う気力なんてなかった」とインパール作戦について語る佐藤哲雄さん＝村上市遅郷の自宅

中国戦線に従軍していたころの佐藤哲雄さん＝1941年

「なんとしても生きて帰るんだ」と考えていた。歩兵第16連隊の所属だったころ、連隊副官だった少佐から「これからお前たちは戦地に行くが、死ぬばかりが国のためじゃねえ。必ず生きて帰って国のために働け」と訓示されたことがあった。激戦地で「確かにそうだ」と感じた。

斬り込み隊を命じられたが、断ったこともある。「（敵を攻撃する）擲弾筒《てきだんとう》部隊の俺らが出たら、誰が突撃の援護をするのか」と反論した。

◇　◇

インパールから生還した佐藤さんには「愛情のある閣下だった」と感謝する人がいる。58連隊が所属する第31師団を指揮した佐藤幸徳中将だ。作戦を主導した牟田口廉也司令官に何度、物資補給を求めても実現しなかったことを受け、独断で撤退を決めた。後の評価は分かれる極めて異例の「抗命」だった。

「部下を助けようと、佐藤閣下は抗命の罪を一人で負おうとした。撤退するときは、われわれと同じように歩いた。馬や乗り物に乗ると、速度が速くなって落伍者が多くなると」。中将の人柄を今もしのぶ。

撤退戦では食料は尽き、多くの兵が病気や飢えで次々と倒れた。ハゲタカが死者をついばみ、撤退路は「白骨街道」と呼ばれた。夜寝るときは、他の兵に米を奪われないよう靴下に入れ、首に巻いて寝た。バナナの根っこをはじめ、何でも口にし、歩き続けた。

◇　◇

そもそも食料は当初から十分ではなかった。

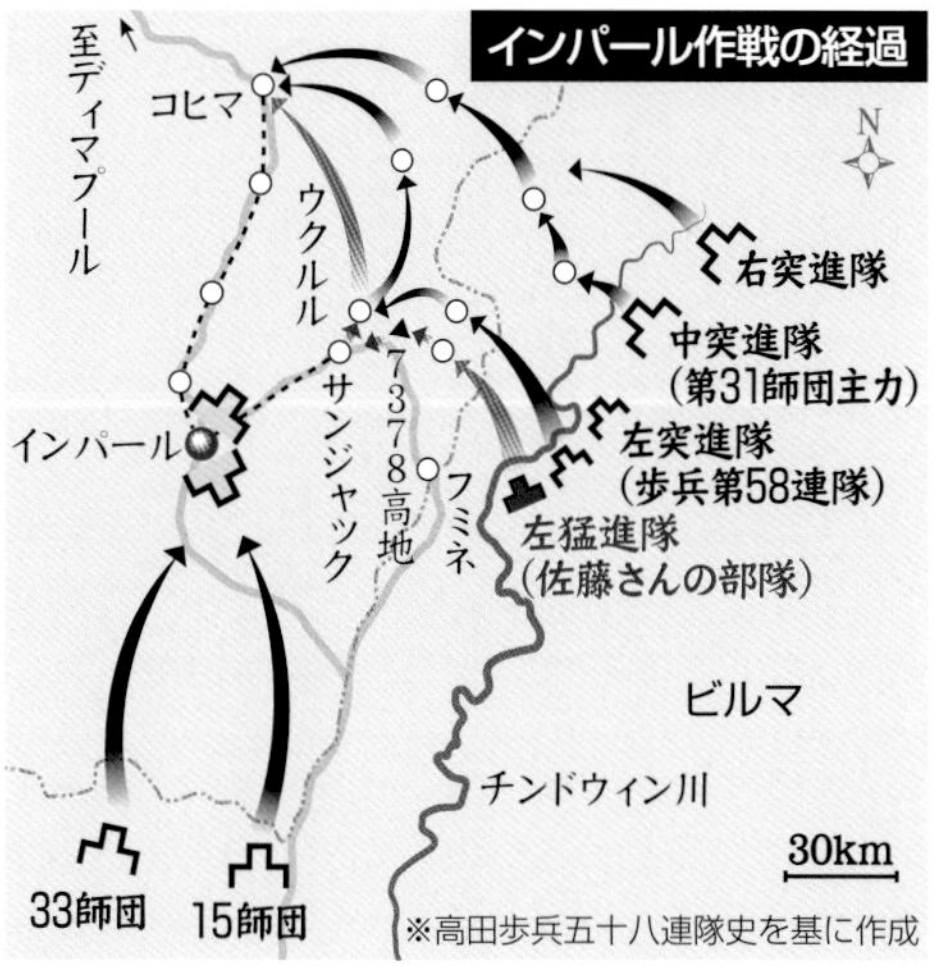

インパール作戦が始まると、日本兵は牛や羊と一緒に船で大河チンドウィン川を渡った。〝ジンギスカン作戦〟と呼ばれた行軍だった。

牛などは荷物を運ぶとともに、食料不足のとき、兵たちの糧とする狙いがあった。ただ佐藤さんの乗った船では「川を渡ったのは数頭だけ」と記憶する。船が揺れると牛は暴れ、川に飛び込んだ。険しい山道も行く手を阻んだ。目算は狂った。

ジンギスカン作戦の実行を求めたのは、インパール攻略を強く唱えた牟田口司令官だった。「最初に持った食料は1週間分だった。米がないから牛や羊をやると。そのときから、補給はないことを上は分かっていたんだ」。やるせなさが残る。

インパール作戦から76年がたつ。100歳を超え、「生きているうちに靖国神社に行きたい」と願っている。もう5年ほど訪れていない。「多くの仲間が亡くなった。冥福を祈りたい」

ビルマ戦線従軍

戦術無謀　命令は絶対

「死にたいなんて思わない」

爆薬を首に提げ、敵の戦車に飛び込む——。それが戦術だった。成功しても失敗しても若い命が失われた。「無謀ですよ。敵に対抗する兵器がないんだもの」。上越市牧区の五十嵐巌さん(98)は従軍したビルマ戦線を思い返す。

1944年1月、陸軍歩兵第16連隊の一員としてビルマ(現ミャンマー)に派遣された。所属した部隊は北部の街バーモなどイラワジ川流域で敵と戦った。五十嵐さんは指揮班で伝令を務めていたという。

日本軍は44年7月、インパール作戦に失敗。軍は中国への補給路遮断やビルマ防衛に力を入れた。五十嵐さんの所属部隊は、そうした作戦に参加した。兵器や食糧は乏しかった。「勝てるとは思えなかった」と語る。

敵陣地への攻撃は小銃と手りゅう弾を携えて斬り込む夜襲が主だった。夜襲で多くの仲間が命を落とした。一番仲が良かった戦友も失った。

部隊がバーモ周辺を防衛していた時、斬り込みの命令が下った。命令は絶対だ。「戦場では必ず死ぬ」とたたき込まれていたが、「死にたいなんて思わない」のが本音だった。故郷の父母の顔が浮かんだ。

ビルマ戦線に従軍した五十嵐巌さん。戦死した仲間を思いながら体験を語り続けている＝上越市牧区の自宅

斬り込みの日、敵陣地に手りゅう弾を投げ込んだ。その時、背中を棒でたたかれたような衝撃を受けた。なんとか自分の陣地まで戻ったが、弾が背中を貫通していた。幸い命に別条はなかったという。

戦車と遭遇した場合は、爆薬を首から提げて飛び込むのが戦法だった。「目の前に戦車が来たら飛び込まなければいけない」と、訓練に励んだ。

所属部隊は、ビルマ中部のオイン付近で英軍の戦車と遭遇。実際に多くの兵士が戦車に飛び込んだ。戦車を止めた人もいたが、通過後に爆死した人もいた。

五十嵐さんは斬り込みで負傷した後、左足首、さらに右ももを負傷した。「生きる縁があって生かしてもらった」としみじみ語る。

若くして亡くなった戦友を思い、これまでいろいろな場で体験を語ってきた。「戦争は人間同士の殺し合い。絶対にやってはいけない」。優しい語り口の中に強い思いがにじんだ。

※国境線は現在

弾雨や飢え 悲惨極め

ガダルカナル 陣中日記克明に

陸軍の歩兵第16連隊（新発田）は１９４２年10月、ガダルカナル島に上陸した。第１機関銃中隊の中隊長だった故佐藤典夫さん＝新潟市西区＝（２００５年89歳で死去）は、戦場と撤退後の入院先で「陣中日記」や数々の回想を記した。長男の雅志さん（74）は、典夫さんの死後、10年近くの歳月をかけて体験実録として冊子にまとめた。新潟日報社は、この冊子と日記原簿の写し、さらに典夫さんが書いた「戦傷死者状況」などのメモを基に、戦闘経過や兵力の推移、隊員の死亡時期と状況を調べた。部隊の上陸から撤退を追い、16連隊が派遣された「ガダルカナル島の戦い」に迫った。

上陸～夜襲

敵情、地形の偵察すらない

10日余りで壊滅状態

16連隊の主力は１９４２年10月14日、ガダルカナル島北西部のタサファロング岬に上陸した。佐藤典夫中尉率いる第１機関銃中隊１２０人も13日深夜から14日にかけて上陸し、行軍に備えた。

密林に覆われた島だった。工兵隊が「丸山道」と呼ばれる進路を切り開いた。米軍の攻撃を避けるため、夜に歩いた。

連隊が所属する第２師団の行軍は膨大な人数だった。

陣中日記や体験実録に記す（以下青字）。

先頭と後尾は５里（約20キロ）もあろうという常識外れのジャングル潜行である。

機関銃中隊は重さ約60キロの重機関銃を８丁、対戦車用の大型な銃である自動砲を２門、弾薬類も運んだ。

幾山も越える険しい道のりでマラリアにかかる人も続出した。

誰もが二十貫（75キロ）もの重さを肩に敵機を避けてほとんど夜を徹しての急進で極度に疲労している。

師団が最初に夜襲を決行したのは24日夜。到着したばかりの16連隊は予備隊に回った。しかし夜襲は失敗。翌25日深夜にも、16連隊を加えて夜襲は繰り返された。銃剣を手に突進、猛烈な銃火と砲弾の雨を浴び、再び失敗に終わった。

この時すでに上陸時から携行した食糧は「食

べ尽くして」いた。陸軍の食糧補給計画はずさんで、上陸当初の飛行場占領を前提に、米軍が残す食糧を当てにしていた。

我々《われわれ》の受けた命令は軽い野戦陣地攻撃の内容であったが、実は装備を重ねた要塞《ようさい》陣地ではなかったか、しかも、夜襲と言うのに敵情、地形の偵察の時間すら与えない無責任な軍の作戦、真っ黒く汚れた顔、血走った眼《め》で倒れ込む兵を見、死体すら収容不能な惨めな戦況に、無念の涙が頬を濡《ぬ》らす。そして無念は怒りへと変わる。

夜襲での飲まず食わずの死闘で、中隊は死傷者が続出した。17人が戦死し、負傷などで43人が離脱した。上陸から10日余りで、戦闘可能な人員は半減した。16連隊は連隊長が戦死。部隊の半数を超す1500人以上が死傷した。

連隊は負傷者

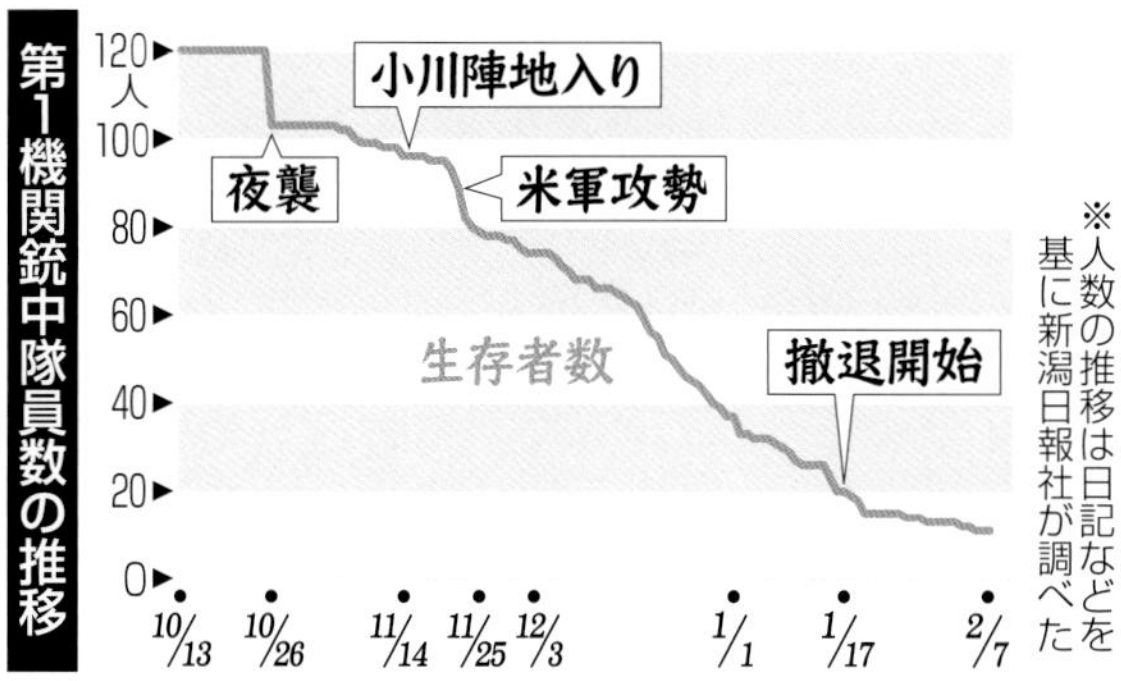

※人数の推移は日記などを基に新潟日報社が調べた

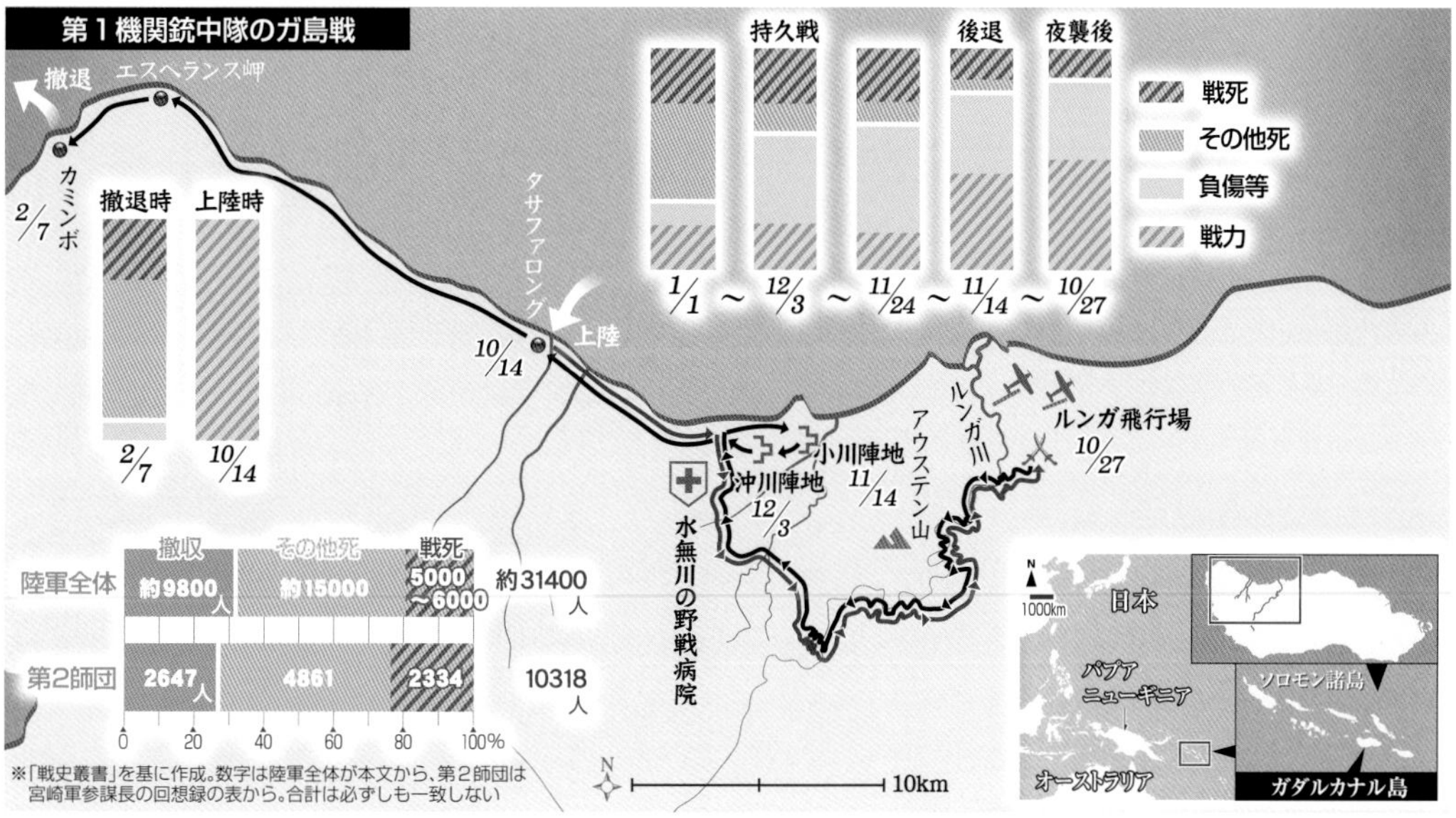

※「戦史叢書」を基に作成。数字は陸軍全体が本文から、第2師団は宮崎軍参謀長の回想録の表から。合計は必ずしも一致しない

を後送するなどし立て直しを図った。しかし「餓島」の悲劇は始まったばかりだった。

補給なく餓死者続出

後退、持久戦

湯飲み一杯の米で3日

夜襲に失敗した第2師団は後退、持久戦に入った。第1機関銃中隊は、11月15日から第一線の「小川陣地」で戦った。14日に陣地へ出発した時点で「戦力52名。このうち17名は食糧や負傷者の移送任務に就く」。

ここでは数百メートルの距離で米軍と向き合った。21～24日にかけての戦闘は特に激しかった。21日は「一斉射撃で弾の雨、ジャングルの空気は一瞬にして振動し始めた」「敵出撃、全力で応戦」「第3中隊突撃、失敗」。22日「朝から敵弾の雨」。23日は「最大の攻撃を受ける」。

4日間で11人が戦死、戦傷は16人に上り、戦闘できるのは中隊の6分の1にしか過ぎない約20人となる。

米軍以外との「闘い」も厳しくなった。11月末になると「空腹が激しくなってきた」。12月1日からはパパイアの「木の軟部を食べ始め」た。日記の記載は食や兵が減りゆく状況への言及が増える。

既に補給は無くなって久しい。(略)特にこの第一線陣地、三日も四日も、一粒の米の配給もない日もあり、たまに湯飲み一杯の米を三日で食べろ、七勺《しゃく》の米を二日分という有様。なまごめをかみ砕いて過ごす時もあり。

中隊は3日、やや離れた「沖川陣地」に下がった。この時点の死者は46人。3分の2が戦死だった。

沖川陣地でも連日連夜の砲爆撃が続き、食糧事情も変わらなかった。死者の増加が止まらなくなった。壕内で亡くなる者も多く、死臭が漂った。21日の日記には「中隊長以下11名。あまりにも淋《さび》しき中隊の姿に涙さへ浮かぶ」と記した。

12月だけで40人が亡くなったが、ほぼ戦死以外の死者だった。全中隊員は24人に減り、「足腰の立つものわずか数名のみ」の状態だった。

撤退行

膝で歩く、ウジに埋もれる兵士

目の前に「地獄の道」

ガダルカナル島で将兵は深刻な飢餓にあえいだ。大本営は12月31日、ようやく撤退を決めた。現地司令部には1月中旬に伝わった。

佐藤典夫さんは2日に負傷、マラリアも重なり伏せっていた。日記も記せない状態で撤退を知った。「撤退となれば、歩けぬ者は自決することになるのであろうか」。不安がよぎった。

機関銃中隊は17日に解散、大隊の指揮下に入った。中隊員は戦闘可能が4人、歩行不能が4人にすぎず、7人は食糧の調達で不在だった。

佐藤さんは負傷者として撤退を始めた。太ももは「小枝」のようになり、よろめきながら歩いた。撤退の途中、水無川の野戦病院に立ち寄り衝撃を受けた。

夜襲で負傷した中隊の兵も多く世話になったはずだが、いくら探しても1人もいない。栄養不良で皆死んだと知りがっくりする。

撤退路は悲惨な光景だった。

戦いの経過

◆1942年	
7月	海軍の部隊がガダルカナル島でルンガ飛行場の建設を開始
8月7日	米軍が島に上陸、飛行場を奪取
8月18日	陸軍の一木支隊が、飛行場奪回のため上陸
8月20～21日	一木支隊の奪回作戦失敗、ほぼ壊滅
8月末～9月上旬	川口支隊などが上陸
9月12～14日	川口支隊が飛行場を攻撃、失敗
10月上旬～中旬	歩兵第16連隊(新発田)を含む第2師団が順次上陸
24～25日	第2師団が飛行場を夜襲、奪回に失敗
25～26日	第2師団が再び飛行場を夜襲、奪回失敗
11月中旬	陸軍の増援部隊が上陸、大半の兵や軍需品などは揚陸失敗
12月31日	大本営がガダルカナル島撤退を決定
◆1943年	
1月中旬	各部隊が撤退開始
2月7日	最後の船がガダルカナル島カミンボを出発

「餓島」沖川陣地の食

冊子にまとめた「陣中日記」では、撤退までの食に関する記述を抜き出している。「餓島」とも呼ばれた戦場で、部隊が沖川陣地に就いた約40日間の食を次のように紹介している。

1942年	
12月4日	米なし、ヤシの実とパパイヤの木
5～6日	イモヅルのようなもの煮る
7日	7勺(しゃく)の米　※1勺は1合の10分の1
8日	カユ少々
9日	久しぶり1合8勺の米
10～11日	2日分2合弱の米
12～15日	毎日米少々、カユに草入り

7勺の米で作ったおにぎり(右)とコンビニで売っているおにぎり

16～17日	毎日パパイヤの木を煮る
18日	空腹70余日、ひもじさ激しくと書く
19日	ヤシの実、枯海藻、草など海水で煮る
20日	パパイヤの木を煮る
21日	1合4勺の米
22～26日	毎日パパイヤの木、海藻、草を海水で煮る
27～31日	5日分で米1合2勺、カンパン1袋、毎日パパイヤの木
43年	
1月1日	新年、米1合、海藻、草と煮る
3～16日	壕(ごう)中で15日間、圧搾口糧、カンパンのカユ少々

※圧搾口糧は携行食。玄米や麦を固めたものなど

道で倒れ込んでいる兵、その眼と口からウジが吹き出てそれでも生への眼を明《あ》けている。顔の傷にウジが盛り上がっている兵が、関西弁で『連れて行ってくれ』と哀願している。膝から血を流して膝で歩いている兵、そしてウジに埋もれている死体、もう誰も見向きもせず、自らが半死半生で足を運んでいるのだ。地獄の道だ、正《まさ》に地獄の道である。

公刊戦史の『戦史叢書《そうしょ》』によると、陸軍は約3万1400人が上陸し、撤収作戦で島を後にしたのは約9800人。戦没者は約2万800人で、約1万5千人は栄養不良による餓死や戦病死だったとみる。

第1機関銃中隊の状況とほぼ重なる割合だ。佐藤さんが撤退船に乗ったのは2月7日夜。島を離れた最後の1人だった。

我々兵隊にとっては、(略)唯《ただ》命ぜられるままに進み、命ぜられるままに穴を掘り、戦場の発展と関係なき意識の下に生き、そして死んでいった。

犠牲次々 自身も覚悟

ジャングルの中で屋根代わりに天幕を張っただけの野戦病院には連日、負傷者や病気の兵が運ばれてきた。

「だんだん薬や包帯がなくなってきた。たかったウジをつついて出してやるしかできなくなった」。歩兵第16連隊などから成る第2師団の衛生兵だった沼田褧雄《えなお》さん(103)=仙台市=はガダルカナル島の戦いをよく覚えている。

兵は「衛生兵殿、いってぇ」と訴えてきた。「大きなウジがむくむく出てくるけど、全部は取れん」。それでも人心地ついたように「あぁー、気持ちいい」と感謝する兵もいた。

42年11月以降、「水無川」近くに置かれた第1野戦病院では連日のように死者が出た。担当した外科でも毎日2、3人は亡くなった。

仲間の兵が穴を掘って埋めたが、「穴を掘った兵も、今度は自分がそこへ入っていくことになった」。大水が出ると、土が流され、埋めた遺体が顔を出した。

◇　◇

島西部に上陸したのは10月17日だった。ガダルカナルに行くと知らされたのは船の中。上官は島を攻略せずに生還はできないと訓示した。既に全滅状態の先遣部隊もあったが、そうした戦況は知らされなかった。

上陸して前線に向かうジャングルで、ひどい死臭に見舞われた。土に埋められた友軍だった。「大変なところだ」と不安が膨らんだ。

上陸から1週間後、敵飛行場奪回に向けた夜襲が始まる。前線近くで治療に備えていると、迫撃砲でやられた兵がどんどん来た。「真っ青な顔で、幽霊が歩くようにやってきた」

夜襲失敗後の退路では食糧も尽きかけていた。道中、友軍の兵が枕を並べて横たわっているのを見た。白骨化したり、死んだばかりの将兵だった。「二の舞になるのか」と身が震えた。

◇　◇

その後、水無川まで下がったが、敵の攻勢は激しくなるばかり。年が変わると、米もろくに無くなった。「茶飲み茶わんでひとつあれば最高さ。それを炊いて、何人もして食うんだ」

そんな折、当番兵を務めたことがある新発田から出征した軍医近《こん》勇次中尉から島を撤退すると聞かされた。耳を疑った。「いまなら敵を2人は殺せる。このままなら野たれ死にだから、早く玉砕命令を出せばいいんだと言っていた」

「これに包帯とかを入れていたんだ」。ガダルカナルで使っていた医療嚢(のう)を抱え、当時を振り返る沼田褧雄さん＝仙台市太白区の自宅

結局、部隊は撤退を始めた。道すがら、先に退き動けないでいる仲間がいた。「早く下がらんとだめだよ、と気合いを掛けたが、歩けんかった」。最期は見届けられなかった。

自身もマラリアを患い、「目の前が灰色に見えた」と何度も死を覚悟した。なんとか西部の岬にたどり着き、駆逐艦に乗り込んだ。上陸から3カ月半がたっていた。

その後、中国でも激戦を経験し、故郷の宮城に帰ったのは46年の5月だった。懐かしさよりも、「戦争に負けたんだ、自慢にならねえ。恥ずかしいもんだっちゃ」との思いが強かった。

戦後は農業に打ち込んだ。「復興へ百姓は百姓なりにやらんといけない。それだけの気持ちだね」と穏やかに語る。

ことし(2020年)6月、世話になった近中尉の墓参りのため、新発田市を訪れた。ガダルカナル島戦の記念碑にも足を運んだ。「新発田の兵隊、一緒に戦った人の顔が浮かんだ」。80年近く前の戦いを思い出した。

フィリピンで遺骨収集

「どんな思いで」父しのぶ

胸の前に抱えた白木の箱をカタカタと揺する。「日本に着いたよ」。父親が戦死したフィリピンを訪れ、帰国した十日町市の村山眞さん(78)は心の中で語り掛けていた。

持ち帰った箱の中身は戦死した日本兵の遺骨。誰のものかは分からない。1980年代に3度、政府による遺骨収集団に参加した。手元に父の遺骨はない。それでも遺骨を見つけ、土の中から掘り出すと「良かったね、帰ろうぜ」。そんな気持ちになった。

村山眞さん(左)と村山さんの父・寛さん(右)

父・寛《かん》さんは「噴進砲」という兵器を扱う部隊に属した。マニラ東方の山中で陣地にこもって米軍と戦い、45年5月に亡くなった。36歳だった。

戦後、部隊の人事係を務めた人物から、父は「戦病死ということになっているが、すでに部隊は壊滅状態だった。おそらく餓死ではないか」と聞かされた。最期の地を訪ねたいとの思いが強まった。遺骨収集団への参加を決めた。

厚生労働省によると、海外戦没者は約240万人(沖縄・硫黄島含む)。ことし(2020年)11月末現在で、半数程度の約127万6千柱の遺骨を収容している。残る約112万4千柱のうち、30万柱は海没、23万柱は相手国の事情により収容は困難だとしている。

フィリピンでの戦没者は約51万8千人に上る。収容された遺骨は約15万人分だ。寛さんが戦死したルソン島だけでも戦没者は27万人を超える。県人が多く所属した歩兵第75連隊(会寧)などもルソン島で戦った。

各地で戦い、果てた県人の遺骨が、どれだけ未収容なのかは分かっていない。

「あなた方はどんな思いでいたんですか。こんな所に来て、何十年もそのままにされて…」

遠い異国で遺骨を見つける度、胸に思いがわき起こった。

当てずっぽうに掘っても遺骨は見つからない。当時の状況を見ていた地元の人や、様子を知る人に話を聞きながら作業を進めた。

いま、フィリピンでは開発が進む。かつての山野が街に変わっていく。戦争当時を知る人もほとんどいなくなった。村山さんは「日本の遺骨収集は遅すぎた。もう集めることは無理ではないか」とも感じている。

父親が亡くなった場所の付近で活動したことはない。ただ、周辺では多くの遺骨が収容されている。「父の遺骨は必ず日本に還《かえ》っている」。誰かが収容してくれていると信じている。

村山眞さんが参加した遺骨収集の様子。付近では遺骨7柱が見つかった＝1983年9月、フィリピン（村山さん提供）

なぜ日本軍が失敗したのか？

軍事官僚の「空気」で猛進

ガダルカナル島の戦いやインパール作戦は、日本軍による失敗の象徴といわれる。いずれも補給が軽視され、武器や食糧がない状況に陥った。結果的に戦死者だけでなく、大勢の傷病死者や餓死者を出した。

なぜこのようなことが起きたのか。近現代史が専門の芳井《よしい》研一・新潟大学名誉教授(72)は、軍の組織的な問題点を指摘する。

陸軍は補給の発想に乏しい「現地自活主義」で、「交通と補給を組み込んだ戦略が立てられなかった」と指摘する。ガダルカナル島など太平洋の島々は大陸とは全く状況が異なったが、改めることはなかった。

日本軍は各地の戦闘で夜間に敵陣地へ突撃し、斬り込みを図る伝統的な「白兵突撃」を繰り返した。武器の近代化が遅れていたことも要因だった。かつては成功していた戦法も、近代化された兵器を持つ相手には、通じなくなっていた。

ガダルカナル島など南方の戦線では「補給もできず、白兵主義に頼らざるを得なかった面もある」（芳井名誉教授）。

ガダルカナル島で惨敗を喫したが、撤退から1年ほど後にはインパール作戦が行われた。武器、食糧の補給軽視は変わらなかった。

無謀とも言える作戦が繰り返された背景に「陸海軍の内部では勇ましい意見が通り、主戦主義を唱えれば組織の中で生き残る」という組織の構図があったと芳井名誉教授は指摘する。

軍の指導部は当時、国内屈指のエリート官僚だった。軍事官僚として組織内での立場を重視すれば、慎重な意見は出せなくなる。異論を唱えれば、弱気だとして主流から遠ざけられる。

こうして組織は硬直化を強めた。根拠に乏しい楽観的な見通しでも、組織の中で意見が通った。教訓を生かすことなく、精神主義に傾く空気の中で作戦を推し進め、失敗を繰り返した。

平和を願う 県民の思い

世界から戦争なくして

ことし(2020年)8月から展開してきた企画「にいがた　戦後75年」では、県内外の多くの方々から手紙や手記が寄せられ、戦中、戦後の体験、出来事を証言してもらった。地獄と化した最前線、空襲で火の海となった街、戦後も続いた抑留、ひもじかった幼いころ…。いまの何げない日常の尊さ、ありがたさが伝わってくる話ばかりだった。シリーズの締めくくりとして、平和を願う県民の思いを紹介する。

読者から寄せられた手紙や手記など。戦時中の苦しい経験を振り返り、平和を願う文章がつづられている

抑留　命懸けの重労働
戦地で病死の叔父悼み

戦地に動員された兵士は終戦後も悲惨だった。上越市中郷区の吉田利一さん(99)は、ソ連・ハバロフスクの収容所に送られた。労働のノルマ達成が食糧を得るための条件の一つ。国営農場で農作業を命じられ、班長として12人の仲間の命を必死でつないだ。

収穫では1人100メートルのジャガイモ掘りが課された。「まともにやっていたんではノルマは達成できず、食糧はわずかしかもらえない。大きい芋だけを掘り出し、途中は飛ばし飛ばしで距離を稼いだ」

作業を監視していたドイツ人捕虜は、承知の上で〝嘘《うそ》〟のノルマ達成を黙っていてくれた。「優しい人だった。自分はソ連の捕虜になり祖国に帰れないが、あんたたちはよく働けば帰れるんだから、しっかり働けと励ましてくれた」

「あんなひどい戦争は、絶対に起こしてはだめだ」と語る吉田利一さん＝上越市中郷区

収容所では、栄養失調や病気で多くの仲間が亡くなった。2年後の1947年11月、班員とともにナホトカ港から帰国した。「若い人に、こんな思いを二度としてほしくない」と語る。

戦地で亡くなった身内を慰霊し続ける人もいる。小千谷市の高橋東八郎さん(77)は毎年8月15日、津南町の旧外丸中学校の脇にある忠霊塔に手を合わせる。中国に出征し、戦地で病死した叔父吉麿《よしまろ》さんの名が刻まれているからだ。「20代で亡くなった。大きな夢もあっただろう」と悼む。

叔父と会ったことはないが、出征するときの写真が残っている。家族がみんな笑っていた。「内心はどうだったのか」と考えた。

高橋東八郎さん

5年ほど前、たまたま忠霊塔を訪れて叔父の名を見つけた。以来、

ハーモニカを吹いて慰霊している。「若い命が失われる戦争を繰り返してはいけない」との思いを込めて。

亡き父をしのぶ

軍歴知り「つかえ取れた」

「2歳の時に亡くなった父のことを、ずっと知りたいと思っていた」。村松町（現五泉市）出身の下村保子さん(77)＝福井県鯖江市＝の手元には父・二宮又三郎さんが戦地から家族に宛てたはがきと手紙30通が残っている。この夏、戦後75年のニュースを目にするうちに、父の足跡を知りたい気持ちが高まった。「情報があれば教えてほしい」と新潟日報社に手紙を寄せてくれた。

　又三郎さんのはがきには「北支派遣河田部隊気付」という印が押されたものが多かった。ただ北支の詳しい場所や、どんな部隊だったのかは分からなかった。本社記者と相談し、軍歴を知るため、新潟県から兵籍簿を取り寄せた。

　調べると、又三郎さんは41年4月まで約2年2カ月にわたり独立混成第10旅団に所属。そこを一時率いていたのが河田槌太郎旅団長で、はがきにあった河田部隊は、この旅団を指していた。中国山東省の泰安県（現泰安市）一帯にいたことも分かった。

　「胸のつかえが取れたような気持ちです」。下村さんは顔をほころばせた。

　届いたはがきの半分ほどに、検閲の日付とみられる昭和15年4月の文字が押印。又三郎さんのきちょうめんな文字で埋められている。長男の昭一郎さん宛てでは「相変わらず元気かい。お前もお母さまと力を合わせて銃後の勤めに励まねばなりませんよ。お母さまから次々と便りが来るので、お父さんは本当にうれしい」とつづっている。

　「家族の暮らしを気遣うやさしい人だったと感じる。まだ手紙を書く時間があって、体も元気だったんだろう」と思いをはせた。

　その後、又三郎さんは北支方面軍獣医部に派遣された。軍隊で使う馬などの管理者を教育した。昭一郎さんは、母から聞いた数少ない父の話の中に、馬が好きで獣医を目指していたと聞いた記憶があった。

　「父は、実際に軍の獣医部で獣医になる勉強をしていた。夢に向かい、頑張っていた父を思うと胸が熱くなる」と声を震わせた。だが、転属したわずか5カ月後、胸膜炎にかかってしまう。故郷の村松町に戻ったものの、病は癒えず、45年4月に30歳で亡くなった。「夢をかなえられないまま、どんなにつらかったろう」と父の心境を推し量る。

　今春、村松に住む兄嫁と電話で話した際、「孫娘が、ひいおじいちゃんのことを知りたがっている」と伝え聞いた。思いも掛けないことで、「うれしかった」。はがきと兵籍簿を24歳の彼女に託すつもりでいる。

物心がつく前に亡くなった父への思いを語る下村保子さん＝福井県鯖江市

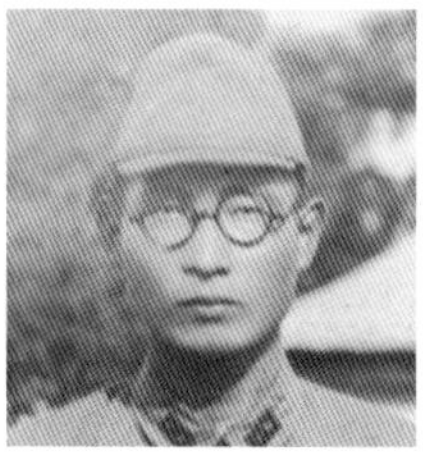

二宮又三郎さん

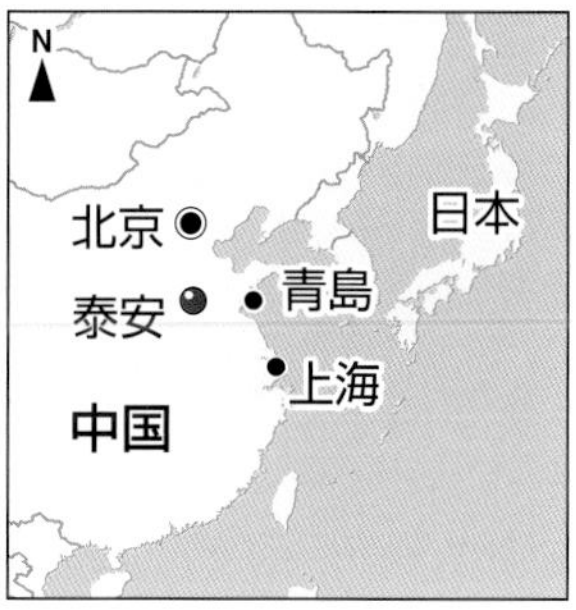

北朝鮮から引き揚げ

幸せな暮らしが様変わり

「日本人はいないか！」。列車の中で叫ぶ声におびえた。「見つかると降ろされると思い、ただただ怖くて下を向いていた」。新発田市の大久保久さん(89)は75年前、13歳で迎えた終戦直後のことを振り返る。学校があった朝鮮半島の京城(現韓国・ソウル)から一人、家族が住む北部の亀城(現北朝鮮)に向かっていた。

1931年生まれの大久保さんは朝鮮半島で育った。両親は新発田出身で、父親は朝鮮人学校の教師だった。キムチを漬ける時や餅つきには朝鮮の人たちが大勢手伝ってくれた。「何かと日本人が優位だった」と振り返る。戦争が始まっても暮らしに大きな変化はなかった。「幸せでした」

45年8月15日、その暮らしは一変した。日本の敗戦は朝鮮の人たちとの立場を逆転させた。当時、家族と離れて京城の女子師範学校に通っていた大久保さん。下宿先の女性が「新潟まで連れて帰る」と言ってくれた。でも、「どうしても親に会いたい」と一人北部行きの列車に乗り、何とか両親がいる亀城に着いた。

だが、しばらくすると家財はほとんど没収され、家を追い出された。屋根だけで戸や敷物はない建物を住まいにした。山から切った木で戸を作ったり、風呂を沸かしたりして暮らした。

「38度線を越えた時は涙を流して喜んだ」と振り返る大久保久さん＝新発田市

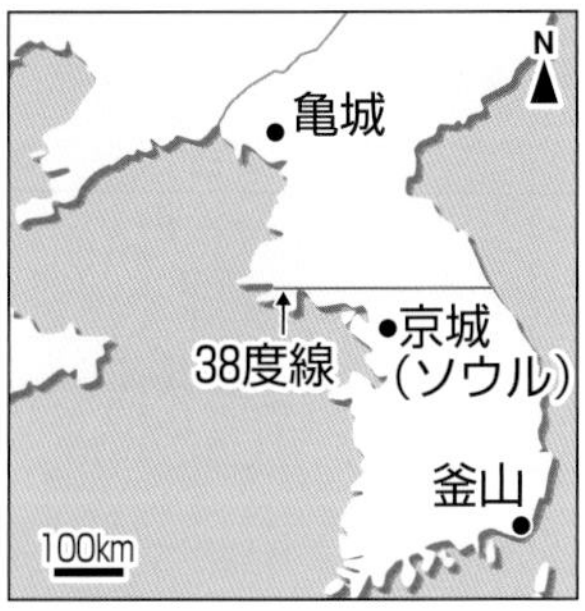

一度近くの人たちと脱出を計画したが、失敗。1年後、2回目の脱出が決行された。ソ連が占領した北とアメリカが占領した南を分ける38度線を目指した。ひたすら歩いた。食べ物はなく、飲み水は川の水。6歳だった下の弟は母がおぶった。夜は野宿した。「並の苦労じゃなかった」

逃避行が何日続いたかは覚えていない。ただ38度線を越えた時の「感激は忘れられない」と言う。一家はその後無事に釜山へ移動。引き揚げ船に乗った。

大久保さんの家族5人は46年10月、そろって日本に着いた。だが、道中、目にした光景は悲惨だった。亡くなった子どもを畑に置いていかざるを得ない人、日本を目前に船の中でコレラで亡くなる人――。当時を振り返り、顔をしかめる。

国同士の戦争で犠牲になるのは国民だと身に染みた。今の北朝鮮の情勢を考え、当時親切だった人たちを思い浮かべることもある。「戦争は負けたら惨め。でも勝てばいいわけでもない」。世界中から戦争がなくなることを願っている。

若い女性も軍事教練に
天皇神格化の教え徹底

戦争は若者の青春や、子どもの学ぶ機会を容赦なく奪った。魚沼市の森山みつさん(94)は、家の農業を手伝っていた18歳のころ、未婚の若い女性でつくる「女子青年団」の一員として軍事教練に参加した。「週に2度くらい小学校の校庭で軍事教練を受けた。夜は神社の境内で薄明かりの中、竹やり訓練をした」と語る。厳しい訓練も「戦争に勝つまでは」との信念で乗り切ったという。

森山さんは魚沼地域の八色原に計画された秘匿飛行場の建設にも駆り出された。秘匿飛行場は1945年4月ごろから、本土決戦に備えて造られた特攻隊のための飛行場で、全国で約40カ所が計画された。

夏の暑さの中、地中の石をくわを使って大きなかごに拾い集めた。戦況の悪化や物資不足は明らかで「飛行場ができても、飛ばす飛行機などないではないか」と感じていた。

佐渡市の加藤勝己さん(83)も飛行場建設に

森山みつさん

加藤勝己さん

従事した。「授業中もサイレンが鳴れば中断、下校させられた。その上、飛行場の建設で勉強するなどできなかった」と話す。

戦時中、天皇を神格化する教育が徹底された。加藤さんが通った両津国民学校には、教育勅語が置かれる「奉安殿」と呼ばれる施設があった。「行事のたびに校長が重い扉を開けて恭しく勅語を取り出していた」と思い出す。教師からは「立ち小便をする時は皇居の方を向いてはいけない」と厳しく指導された。「天皇陛下は神様、そんな時代だったんだ」とつぶやいた。

「口減らし」で家族と離れ
防空ずきんかぶって避難
頻繁な空襲東京から疎開

新発田駅前の大通りに面した家に住んでいた緒形啓子さん（86）＝新潟市東区＝は5、6歳ごろ、家の前を行軍し、出征する兵士を家族で見送ったことが記憶に残っている。「背のうを背負い、軍靴をザクッザクッと響かせる兵隊さんを見送りました」。〽勝ってくるぞと勇ましく――という軍歌が流れていた。

国民学校の高学年になると、黒鳥（現新潟市西区）にあった母の姉の家に「口減らし」のため、預けられた。たまに新発田の家に帰るときは、真っ白な大きなおにぎりを作ってもらった。「家族は大喜びでした」と、食糧難だった時代を思い返す。

戦後、家に米兵が遊びに来たことも印象に残っている。英語を話せた兄の知り合いだった。「米兵は怖いなと思っていたけど、実際はニコニコしていた。甘い物がない時代、チョコレートやガムをもらったのがうれしかった」と回想した。

緒形啓子さん

田中勲さん

森山良雄さん

「空襲警報が出ると、学校では女性の担任の先生に引率され、防空ずきんをかぶって裏山の防空壕《ごう》へ避難した」と語るのは金津村（現新潟市秋葉区）出身の田中勲さん（82）＝新潟市中央区＝。

母校の金津国民学校には東京などから疎開した子どもたちも通っていた。「見たことがない鉛筆削り器を持っていた」という名古屋出身の男の子が印象深い。50代半ばまで文通を続けるなど交流が続いた。

戦後は物資不足に苦労した。「戦争は戦場だけで行われるのではなく、国民の誰もが大変な生活になる。平和で心豊かな日本を求めたい」と言葉を紡いだ。

新潟市西蒲区の森山良雄さん（90）は、戦時中に東京の上野駅近くで拾った焼夷弾《しょうい》の筒を持ち続けている。父の実家があった曽根町（現新潟市西蒲区）に疎開の準備をしている時、道路脇にいくつも置かれていた。「東京の記念にしようと思った」と振り返る。

戦時中は世田谷に住んでいた。父親が軍人で、企業の軍事教練の教官を務めていたという。頻繁な空襲で自宅のすぐ近くまで焼けた。食べ物も少なくなり、東京を離れた。「あの嫌な時代を忘れないように持っている」と筒を触った。

暮らしの記憶 戦後75年

#あちこちのすずさん

戦時の体験伝え つなげよう

この企画はNHKや各地の新聞社、インターネットメディアと連携する「#あちこちのすずさん」キャンペーンの一環です。「すずさん」は映画「この世界の片隅に」（2016年公開）の主人公です。映画は戦時下の広島・呉で日々明るく過ごす日常の姿を描いています。身近な「すずさん」を探し、ネット上で共通の話題をまとめて読める「#（ハッシュタグ）」をつけて、つなげる企画です。

腹いっぱいに食べたい

齋藤譲一さん(93)長岡市

毎日くたくたになるまで働いた。いつも空腹だった。18歳の若者は1944年末から終戦まで、学徒勤労動員によって、群馬県の中島飛行機小泉製作所で海軍の戦闘機を造っていた。

長岡市の齋藤譲一さん(93)は旧制長岡中学を卒業後、長岡工業専門学校に進学した。勤労先でも授業が受けられると思っていたが、待っていたのは「ゼロ戦」（零式艦上戦闘機）の燃料タンクを取り付ける日々だった。

後に知ったことだが、同じ頃に一時的ではあるが小泉製作所には三島由紀夫が動員されていた。

齋藤さんは当時、食べ盛り。一食当たり小ぶりなおわんにまぜ物のご飯やおじやが一杯だけ。おかわりはなく、菜っ葉や煮豆などをおかずに食べたが「全然足りなかった」。その上、仲間内で「利根川の砂利」とやゆするほどまずい。そんな食事でも「とにかく腹いっぱい食べたかった」。

ある日、仲間ら数人と「決死隊」を募り、寮の調理場に忍び込んだ。手には洗面器。回転する巨大な釜に洗面器を突っ込み、ご飯を部屋に持ち帰った。「戦果あり」と言って、仲間たちとむさぼるように食べた。

「犯人捜しはなかった。捜そうと思えばすぐに見つけられたのにね」。大人たちの優しさを垣間見た。だけど、すぐに警備が厳しくなり、決行は「一度きりだった」。

仲間で次なる作戦に出た。寮と工場での食事は食券制で、はがき大の厚紙にひと月分の日付や朝昼晩などと記されていた。「入り口に係のおじさんがいて、千枚通しで穴を開ける」仕組みだった。

齋藤さんたちは食券の穴を別の厚紙で裏打ちしてふさいだ。混雑に紛れ、食事後に再び列に並ぶ。食券を渡し、千枚通しが通る…。

結果は「プスン」。

「こりゃ駄目だよ学生さん、２回目だもん」。手応えがなく、すぐにばれた。

齋藤さんが怒られることはなかった。「係のおじさんは外国出身の徴用工だった」という。「学生がひもじいのを知っているし、徴用工として苦労している身だから気の毒に思ったのかもしれない」と振り返る。

戦争が終わり、工場を離れる時、別の徴用工の人たちから石を投げ付けられた。戦争に負けたことを実感した瞬間だった。

戦中は勉強の機会を奪われ、工場では空襲や飛行機の機銃掃射から逃げ惑った。悲しい思い出も少なくない。一方で、齋藤さんは「どんなものであっても、青春時代はかけがえのないものなんだ」と目を細めた。

（報道部・高橋央樹、本文イラストは報道部・高橋佐紀）

動員先でもギター携え

村山康英さん（94）長岡市

戦時中、ギターで流行歌を弾くのが楽しみだった。94歳の今もギターはいつもそばにある。長岡市の村山康英さんは１９４４年、18歳で名古屋の軍需工場に学徒勤労動員されたときもギターを携えて行った。「親父《おやじ》が買ってくれて、放せなかったんだ」

村山さんは北条村（現在の柏崎市）出身で、40年に旧制柏崎中学に入学した。バスケットボール部に入ったが、「敵性スポーツ」とされたため、途中から柔道部に移らざるを得なかった。

学徒動員されたのは５年生のとき。動員先で、ギターケースを持ち歩いているところを担任の男性教師に見つかると、にらまれた。鼻下のちょびひげがヒトラーのようで、皆から「チャットラー」と呼ばれていた。村山さんは、作曲家古賀政男の曲が好きだったが、新聞に楽譜が載っていた「出征兵士を送る歌」も弾いた。「チャットラーはこの時ばかりはニコニコしていた」と振り返る。

軍需工場では、飛行機の部品を作ったが、物資不足などで仕事はあまりなかった。休みの日には、校則で禁止されて柏崎では行けなかった食堂や劇場にも足を運んだ。「わりに自由で面白かった」。劇場ではアコーディオンのようなバンドネオンの演奏を聴いた。

工場で働く女性工員たちと卓球をしたり、滝を見に行ったりした。少し年上のお姉さんは、洗濯物を他の同級生より丁寧にアイロンがけしてくれた。村山さんだけの特別扱いで、好意を持たれているのを感じた。

悲しいこともあった。夜の空襲で寮が焼けてしまった。逃げ遅れた同級生一人が亡くなった。そして、大切にしていたギターと楽譜も燃えてしまった。翌朝ぼうぜんとした。

卒業式もなく中学を卒業し、軍隊に入隊したがほどなく終戦に。ギターは戦後、しばらくして再開した。小学校教師を務める傍らギターを続け、「一生の友達」となった。好きな曲を自由に演奏できる喜びをかみしめ、弦をはじいている。

（報道部・小柳香葉子）

大陸の青春 ときめいて

岩村満洲代さん（享年92）長岡市

りりしく、さわやかな好青年の近くを通るのが恥ずかしく、頬を染めて足早に歩いた―。

長岡市の故・岩村満洲代さん（２０１３年に92歳で死去）は１９３８

年、当時は満州国だったハルビンで商船学校のタイピストとして働き始めた。多感な18歳だった。戦後、50代のときに青春の思い出を振り返り、「見果てぬ夢」と名付けたエッセーに残した。

商船学校の学生は「中国人が9割、あとは日本人、韓国人、ロシア人と国際色豊か」だった。

「彼らは真白《まっしろ》い船員服に身を固め、帽子から覗《のぞ》く眉は濃く、颯爽《さっそう》としていて凛々《りり》しかった。眩《まぶ》しいばかりの若さに溢《あふ》れていた。勤めたばかりの頃、休み時間などに談笑している彼等《ら》の側《そば》を通るのが何かと面映《おもは》ゆかった。純情(?)だった私は頬を染め、胸をドキドキさせながら足早に通り過ぎるのが常だった」

文章から、みずみずしい思いがあふれる。前年に日中戦争が始まっていたが、青春の交流に国境はなかった。

「おはようございます。少しお話していって下さい。彼らは口々にいたずらっぽく話しかけたものだった。それも何時《いつ》しか慣れて、お互いに日本語と中国語とチャンポンの会話を親しく交わすようになり、手真似《てまね》も交えて会話は弾んだ」

エッセーでは「私は生まれ故郷満州をこよなく愛している」と胸を張る一方で、「国家の進んだ方向が侵略の道であったことを戦後はっきり知らされた時、私たちは傷つくのを覚える」と苦しさも吐露する。

「母は大陸育ちを誇りにしていました」と、娘の滝浪文子さん(64)=長岡市=は懐かしげに語る。満州代さんが亡くなった後、押し入れから地元文芸誌などに投稿した大量の文章が出てきた。甘酸っぱい青春と、戦中戦後のつらい思い出が記されていた。

終戦後、中国国内を転々とし、1年後にようやく引き揚げてきた満州代さん。4人の子どもに恵まれたが、40代で夫を亡くした。苦しい生活の中で「いつも歌を口ずさむ、明るい母でした」と滝浪さん。「母は戦中の苦労は特に語らなかった。もっと早く書き残した文を読んで、すてきな文章だねと褒めてあげたかった」と目を細めた。

（報道部・宮沢麻子）

演芸会中止、玉音放送に

井口幸吉さん(85)魚沼市

「うまそうだなぁ」「うらやましいなぁ」

軍人たちが自宅で、普段お目にかかれない白米だけのご飯を食べていた。当時小学生だった井口幸吉さん(85)=魚沼市=は、遠巻きに眺めるばかり。

両親はにこにこと優しい表情を浮かべていた。「いま思えば、兄が2人戦地に行っていたので、息子にご飯を食べさせているような気持ちだったのだろう」

終戦を目前にした１９４５年。7月になると軍人たちが突然ムラにやってきた。八色原と呼ばれる一帯で飛行場造りが始まったのだ。本土決戦に備え、陸軍がアメリカ軍に隠れて造る「秘匿飛行場」だった。当時井口さんが通っていた浦佐国民学校など周辺の学校が宿舎となった。軍人は家々を回って野菜などを調達し、井口さんの家にも週1回ほど来たという。

楽しい思い出もある。8月15日、井口さんは家族と「裸押し合い祭り」で知られる普光寺=南魚沼市浦佐=の境内で、軍人による演芸会を見ていたと記憶している。朝からにぎやかな雰囲気に包まれていた。

「東北出身の人たちが多く、みんな芸達者だった。兵隊さんたちが出し物をし、とにかく大騒ぎだった」と振り返る。仮設の舞台で

「兵隊さんが民謡みたいなものを踊っていた」。

『小出町史』などには、同じ日に三《み》用《よう》＝南魚沼市＝と伊《い》米《め》ケ《が》崎《さき》＝魚沼市＝の国民学校で、お盆休みを利用した「軍民合同演芸会」が開かれた記録が残る。

伊米ケ崎の演芸会では「かすりの着物に鉢巻き姿、紅白の一丈木綿を両手に持って振り回して踊る者、蛇の目傘を持って綱渡りする者」（『小出町史』）などと、井口さんの記憶と同様の様子が記されている。

ただ、井口さんが見ていた演芸会は突然中止になった。「重大放送があるので家に戻ってラジオを聞くように」と言われた。

井口さんの集落でラジオがあったのは2軒だけ。住民が集まり、耳を澄ませたが「ガーガーいっていてよく聞こえなかった」。流れてきたのは、玉音放送。押し黙ったままの大人の様子を見て、ようやく「戦争に負けた」ことが分かった。

一方で、『小出町史』によると、伊米ケ崎では演芸会は中止とならず、最後まで続けられたという。

（報道部・高橋央樹）

花婿は戦地 写真で挙式

桜井ヤスさん(93) 新潟市南区

まだ見ぬ花婿は結婚式の時にも姿はなかった。新潟市南区の桜井ヤスさん(93)は、夫の一郎さん(2017年に98歳で死去)との「結婚式」を振り返る。軍人の一郎さんは戦地におり、ヤスさんの隣には写真が置かれた。太平洋戦争中、ヤスさんが18歳頃の出来事。「恥ずかしくて人に言えないような話です」とほほえむ。

加茂市出身のヤスさんは1944年に加茂高等女学校の専攻科を修了した。結婚話が来たのは、三条市内にあった県の地方事務所で働き始めてすぐのことだった。

その頃、朝鮮半島の会寧（現在の北朝鮮）の軍にいた一郎さんは実家へ「結婚相手を探してほしい」と手紙を送っていた。息子の希望を受け、父の武一さんは知人からヤスさんを紹介された。

「勤めたばかりでまだ早い」とヤスさんは断った。それなのに武一さんは何度もやってきた。軍服姿のりりしい写真を持って。「その写真を見てほれたんでしょうかね」とはにかむ。

仕事をやめて結婚し、会寧に行くことを決めた直後、一郎さんのフィリピンへの派遣が決まった。それでも武一さんの意向で、一郎さんが不在のまま結婚式は行われた。

式では一郎さんの自宅に親戚が集まった。「明かりが外に漏れないようにカーテンを閉め切っていました」と回想する。近所にお祝い事だと知られないようにしていたようだった。

ヤスさんは結婚式後も加茂の実家で過ごした。会ったことはないけれど、夫の無事を神社で祈った。

終戦後、一郎さんは無事に帰国。正式な結婚式を挙げることになり、二人はその日に初めて顔を合わせた。ヤスさんは一郎さんから「夫を信頼し、常に貞淑で明朗であるように」など結婚生活での要望を書いた紙を渡された。「軍人だから厳しい人だ」と思い、少し緊張した。

農家の長男だった一郎さんは家業を継ぎ、ヤスさんは慣れない農業に苦労しながら4人の子どもを育てた。

一方で、一郎さんはヤスさんをねぎらうように、さまざまな所へ旅行に連れて行った。「要望」通りにいかなくても、何も言われたことはなかった。

「優しい主人でした」。天国の一郎さんに語り掛けるようにほほえんだ。

（報道部・小柳香葉子）

大空を飛んだ？…弁当箱

金子芳雄さん（84）新潟市西区

太平洋戦争末期、旧羽茂村（現在の佐渡市）の上空を、日の丸を付けたプロペラ機が飛んだ。国民学校に通う一人の少年は「へえー」と思いながら見上げていた。当時、教員から「君らが供出したアルミの弁当箱が飛行機になった」と教えられていたからだ。

新潟市西区の金子芳雄さん（84）は、校庭に出て児童みんなで手を振ったことを思い出す。飛行機は、村の上空を低空飛行で旋回し、操縦士が手を振り返していた。

佐渡島には当時、飛行場がなかった。「新潟から飛んできたのでは。みんなが供出を頑張ったからと、お礼の飛行だったようだ」と記憶している。飛行機を見たのは初めてだった。「ただ、今思えばあの弁当箱があの飛行機になったとは考えにくい」と笑う。

金子さんは羽茂の農家の家に生まれた。国民学校に入学したのは1944年。アルミの弁当箱の中に豆や麦が交じった「かて飯」を敷き詰め、真ん中に自宅の梅で作った漬物がのる「日の丸弁当」が定番だった。

ある時、金属を供出するよう、村全体に指示があった。アルミの弁当箱どころか鍋やかま、自宅にあった刀も村役場に持っていった。「橋の欄干まで出した」という。

羽茂と飛行機を巡ってはこんな話もある。43、44年ごろ、地元のみそ製造会社が軍に戦闘機を献納した。羽茂小学校の沿革誌に、44年4月に献納機の命名式が講堂で開かれたと記されている。この会社はすでに当時の経営者から事業譲渡されたが、残されたホームページには「献納を祝賀し、戦闘機が羽茂の上空でデモ飛行したとされる」との記述がある。

コメも供出の対象になった。サーベルを腰から下げた警察官が自宅の蔵を見に来たことがあった。「この俵は何だ」と問われ、普段は温厚な父が大声で抗議した。「種もみです。これを供出したら来年のコメはどうなる」。警察官は「そうか」と引き下がった。

長兄は中国で戦死し、働き手を失った家は、戦中だけでなく戦後も生活は苦しかった。「弁当箱まで集めたんだから。本当に日本は資源がなかったんだねえ」。苦々しく振り返った。

（報道部・宮沢麻子）

戦地の父が手紙で命名

横山美枝子さん（82）長岡市

長岡市の横山美枝子さん（82）は今でも、会うことなく戦死してしまった父、到さんを感じることがある。自分の名前が記された、一通の手紙を通して。

中之島村（現在の長岡市中之島）の農家に生まれた到さんは、日中戦争が始まった翌年の1938年、中国に出征。その年に、美枝子さんを宿した妻ヤスさんら家族を残し、32歳で戦死した。

「お前の産後のからだの具合はなじですか」「（横山さんの兄の）芳男は元気で学校に行きますか」。到さんは戦地から妻のヤスさんや子どもたちを心配し、愛情あふれる手紙を送り続けた。父の生前の姿を知らない横山さんにとって、手紙は父を知る手がかりだ。

横山さんは母や兄、親戚のおかげで、父がいなくてふびんな思いをすることはなかった。もちろん父との思い出はないが、つながりを意識する手紙がある。

出征時にヤスさんのおなかにいた横山さんを「美枝子」と名付けた手紙だ。戦後、ヤスさんが「お父さんが戦地から名前を送ってくれたんだよ」と見せてくれた。名前の由来は分からないが「戦争で大変な時なのに一生懸命考えてくれてうれしかった。きっと女の子だから、美人に育ってほしいと願ったのかな」と想像する。

カタカナの名前の同級生が圧倒的に多く、漢字で「子」が付く名前が昔からひそかな自慢だった。「父が付けてくれた美枝子という名は誇り。今でも自分の名前が大好き」とほほ笑む。

戦後、ヤスさんは、出征時の到さんが取り上げられた新聞記事を見せた。幼い長男を亡くし、脳梗塞を患った母、身重の妻を残して出征することをたたえる内容だった。「あっぱれ伍長」と見出しが付いていた。

国のために果敢に戦地に向かう「強い男」として描かれていたが、横山さんには違和感が残った。「手紙や母の話からうかがい知る父とは全く違った。戦地に向かう人を『英雄化』したんだろう」

大人になるにつれて、不思議と父に思いをはせる機会が多くなった。72年に元日本兵の横井庄一さんが帰国するニュースを見た時に「お父さんも『ただいま』とひょっこり帰ってこないかな」と思った。

「知らず知らずに父を求めていたんだろうね。一人の娘として」。父が残した手紙を大切そうに折りたたんでつぶやいた。

（報道部・山崎琢郎）

白い服で登校 怒られる

丸山フミさん（87）小千谷市

草取りに田畑での農作業、雪掘り…。小千谷市片貝の丸山フミさん（87）は、小学生時代を振り返ると「授業を受けた記憶がほとんどない」。勤労奉仕をしていた記憶ばかりが思い浮かぶ。学校生活は戦争の暗い影に覆われていた。

白い服で登校することも禁止された。「いま思い出してもぞおっとする、悲しいことの一つだった」

丸山さんは１９４０年に塚山村（旧越路町、現在の長岡市）で分校の小学校に通い始めた。入学式は「着物が着られて、うれしさいっぱいだった」。母に手を引かれて花柄のきれいな着物姿で出席した。

２年生だった12月、太平洋戦争が始まった。当初は「何がなんだか考えられない出来事だった」が、４年生になる頃には嫌でも戦争を実感するようになった。

わずかな期間に担任の先生が何度も替わった。みな、戦地へ行った。４人目に女性の教員が赴任した時には「今度は戦争に行かない先生が来た」と安心した。

だが、学校生活は大きく変わっていく。勉強はそっちのけ。働き手が出征してしまった家の手伝いや田畑の耕作、草取りが日課だ。「体の小さな子どもにとっては本当に切なかった」。朝から草を刈

り、リヤカーを引いて山道を歩いた。

　6年生になった45年には白い服が禁止された。米軍による本土空襲が激しくなった頃で、長岡空襲の少し前だったと記憶している。

　飛行機が地上を攻撃する時、白い服は目立って標的にされるからと、緑色の服を着るよう指導された。

　裕福だったわけではない。「緑色の服なんて持っていなかったし、買うこともできなかった。突然のことで親は苦労したと思う」

　毎日検査があり、白い服を着ていると怒られた。「農作業をさせられるよりもつらかった」。先生が一様に命令口調を強めていくことにも心を痛めた。

　結局、婿だった父が結婚する際に用意した着物の長じゅばんをほどいて、服に仕立ててもらった。大きなツバメの柄が描かれていたが、白くないだけで先生から怒られなくなった。

　「オシャレをしたいなんて考えたこともなかった。余裕も物もなかった」。誰もが継ぎはぎだらけのシャツやもんぺ姿。代わりの服を用意するなんて考えられなかった。それなのに怒られるのが、つらかった。

　戦争が終わると、何を着ても怒られなくなった。それが何よりうれしかった。

（報道部・高橋央樹）

日記に浮かぶ軍国主義

樋川道子さん(90)茨城県龍ケ崎市

「地理の時間に重大な戦局についてお話がありました。特別攻撃隊の方々の崇高な精神、又今上《きんじょう》陛下の大御心《みこころ》を拝察して私は涙が出ました」

　1945年5月、女学校3年生だった14歳の少女がつづった日記の一節だ。東京・渋谷から村上市に疎開した樋川道子さん（90）＝茨城県龍ケ崎市＝が書いた。

　「音楽の時間に『英霊を賛（たた）える歌』のレコードを聞かしていただきました。山本（五十六）元帥にささげる歌ですが、とてもよいレコードで私はぢっとしてゐられない」

　日記には日本の勝利、そして「国のため」を真っすぐに信じていた、少女の思いがあふれる文章が並んだ。

　樋川さんは東京大空襲後の45年4月、母親と弟、2人の妹の5人で父親が生まれた村上に疎開。転入した村上高等女学校では、1週間ごとに担任教師に日記を提出した。

　「書くことが好きだった」という樋川さん。家では妹たちの面倒を見たり、家事をしたりと勉強をする暇がなかったが、日記を書き続けた。「提出用なので多少良い子ぶって書いていました」と振り返る。

　日記には担任教師がコメントを返した。「軍国主義に染まっていた男性の担任によく思われようとしていたんです」と回想する。担任が軍国主義的だった様子は日記のコメントからも分かる。

　防空壕《ごう》掘り作業で、級友に道具を借りられなかった消極的な性格を反省したことについて「疎開という気持ちは取り去ってしまひなさい。みんな仲間です。一緒に死ぬ人たちです。一緒に斬り込む人たちです」などと書かれていた。

　「前の学校のほうがいいなど本音は書けなかった」と思い返すが、「疎

開をはじめ、すべてがお国のためだと心底思っていた。世の中がそうだったから」

終戦を迎えると社会の変化に戸惑う。45年の大みそかは「新聞は、戦時中の大本営発表その他の国民をあざむいた事をやかましく報じてゐる。私には、どちらを信じてよいのかはっきりわからない」

4年生になると担任が替わり、日記の内容も家族や友達の話題が中心に。樋川さんは47年3月の卒業まで村上で過ごした。

18年前、日記を自費出版した。「子どもは教育の仕方でいかようにも染まる」。戦争を起こさないよう教訓にしてほしいと願う。

（報道部・小柳香葉子）

勤労奉仕 痩せ細り帰郷

山崎和子さん（享年91）新潟市

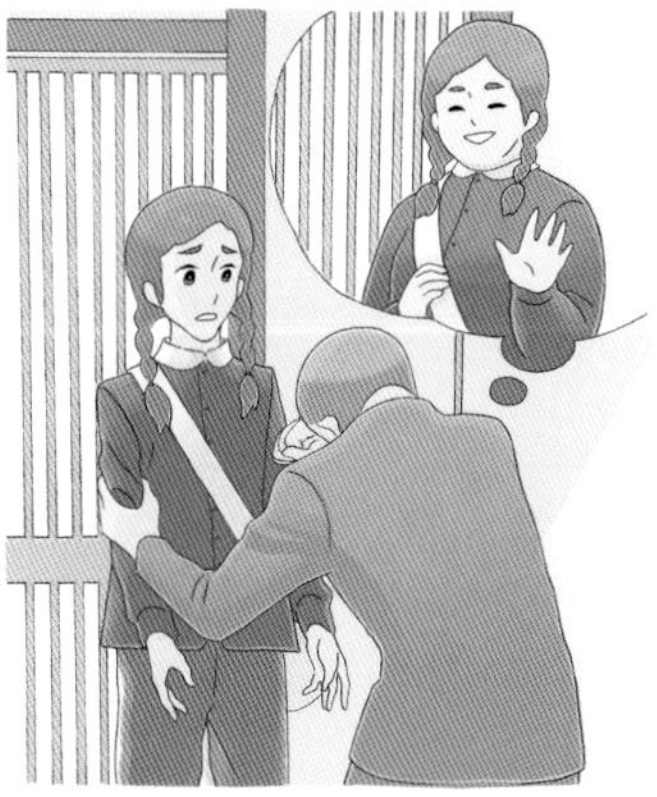

「痩せた姿を見て祖父は泣いたそうです」。母の山崎和子さん（2019年に91歳で死去）が女子挺身隊《ていしんたい》から帰郷した時のことを、娘の山口順子さん（63）＝新発田市＝はこう聞かされた。太平洋戦争中、名古屋市の軍需工場に動員された和子さんは、少ない食事に苦労し、見た目が変わるほど痩せてしまったという。

和子さんは1927年に新潟市で生まれた。二葉高等小学校を卒業すると、みその割り当てや点検などを担った地元の統制会社に14歳で就職した。その後、女性で構成された奉仕組織である女子挺身隊として石川県小松市の戦闘機製造工場に勤労動員された。しかし部品調達が困難になったのか、しばらくすると名古屋の工場に移った。

名古屋では「風船爆弾」を造ったと聞いている。気球に爆弾を付けて飛ばし、アメリカ本土を攻撃するために開発された兵器だった。気球は和紙にこんにゃくのりで接着した紙風船だった。17、18歳の少女だった和子さんは紙にのりを付けてひたすら貼った。

生前、食べ物が少なかった寮暮らしを振り返り、よく語っていたという。食べることが大好きだった和子さん。ひもじい食生活に耐えきれず、ある時友達と食料庫に忍び込んだ。そこで見つけたのがたくあん。おけに手を突っ込み、1本丸々かじりついた。順子さんは「上司に見つかって怒られたそうです」と苦笑する。

またある時は、家族に「父親が具合が悪いので新潟に帰るように」とうその手紙を書いてもらい、一時帰郷した。「家では食べるものに不自由していなかったからつらかったのでしょう」と順子さん。名古屋へ戻る時は、母親がいり豆をたくさん持たせてくれ、寮の仲間に喜ばれたという。

そんな和子さんが、つらい思い出を語ることがあった。軍需工場が多かった名古屋は何度も空襲に遭い、寮も攻撃を受けた。だが偶然、映画を見に行っていたため難を逃れた。「仲間が亡くなり、自分も外出しなければ死んでいた」

終戦後、13キロ痩せて帰ってきた和子さんの容姿に家族は驚いた。順子さんは「母は太っていたから、元の会社に戻ったときも同僚に気付いてもらえなかったようです」と語る。

和子さんは21歳で結婚し、2人の娘を産んだ。「明るい母でした。戦時中の暮らしに耐えてくれたから今の私たちの幸せな暮らしがある」。順子さんはたくましい母に感謝した。

（報道部・小柳香葉子）

連載

空腹のあのころ(上)

戦時下の味 再現

少ない調味料 塩気もわずか

太平洋戦争の終結から75年。当時子どもだったお年寄りに話を聞くと、ひもじい思いをしたという苦い記憶と共に、「こんなものを食べた」と思い出の味をいろいろ教えてくれた。昭和18（1943）年の新潟日報には、乏しい食材をいかにして増やして食べるかを説くレシピが載っていた。当時の紙面と体験者の記憶から、記者2人が「戦時下の味」を2回にわたり再現してみた。

戦時の新潟日報は「生活と文化」と題した生活情報を掲載し、その中に「今日のお台所」というレシピのコーナーがあった。昭和18年の紙面には、国から配給された食材を使った庶民の知恵が記されている。

「魚の寄せ焼」のレシピには「最近はよく不慣れな魚介が配給になりますが、慣れないからと避ける前に食品不自由な折柄《おりから》、おいしく食べこなす工夫が肝心です」とある。魚をすり身にし、すりおろした野菜でかさ増しするのがポイントだ。「2人分の魚を5人分にしていただくにも便利な方法です」と説明がある。

上から時計回りに馬鈴薯の代用餅、魚の寄せ焼、うの花炊き込みめし

戦時中の日本の食事について記した『戦下のレシピ』を執筆した、文芸評論家の斎藤美奈子さん(63)＝新潟市出身＝は「典型的な戦時下のレシピで、時代を映している」と解説する。戦争が激しさを増す中、食料の配給量が減った。「特に肉などタンパク質が真っ先に手に入りにくくなった」という。

主食のコメも配給となった。農業が盛んな本県でも働き手が兵隊にとられて食料増産がままならず、コメも国に供出する必要があった。そのため、コメの代わりにジャガイモを使った餅や、おからを使って米飯のかさ増しをするレシピが登場する。

いずれも調味料の種類や量が少ない。レシピはしょうゆと塩、みそだけ。「砂糖などの調味料は手に入りにくくなっていた」と斎藤さん。当時のレシピを忠実に再現すると、やはり塩気が少ない。

斎藤さんは「新潟は東京など都会に比べれば農作物が手に入ったと思う。それでも工夫しなければ食料を確保できなかったのが新聞のレシピから伝わる」と話した。

限られた食材工夫 苦労がしのばれる

魚の寄せ焼で困ったのは魚の種類。当時、比較的手に入りやすかったというイワシを選んだ。職場のメンバーからは「おいしい」と評判が良かったが、当時節約していたみそを今の感覚で多く入れたからだろう。ただ、「もう少し塩気がほしい」との指摘もあった。

うの花炊き込みめしは、ご飯よりもおからの方が多く、しょうゆも塩もレシピ通りだと物足りない。

ジャガイモの代用餅は粘りが強く、思った以上に味も餅に近くて驚いた。

一品一品、手が掛かる料理だった。食材が限られる中、毎日の食卓を担った女性らの苦労がしのばれた。

（報道部・宮沢麻子）

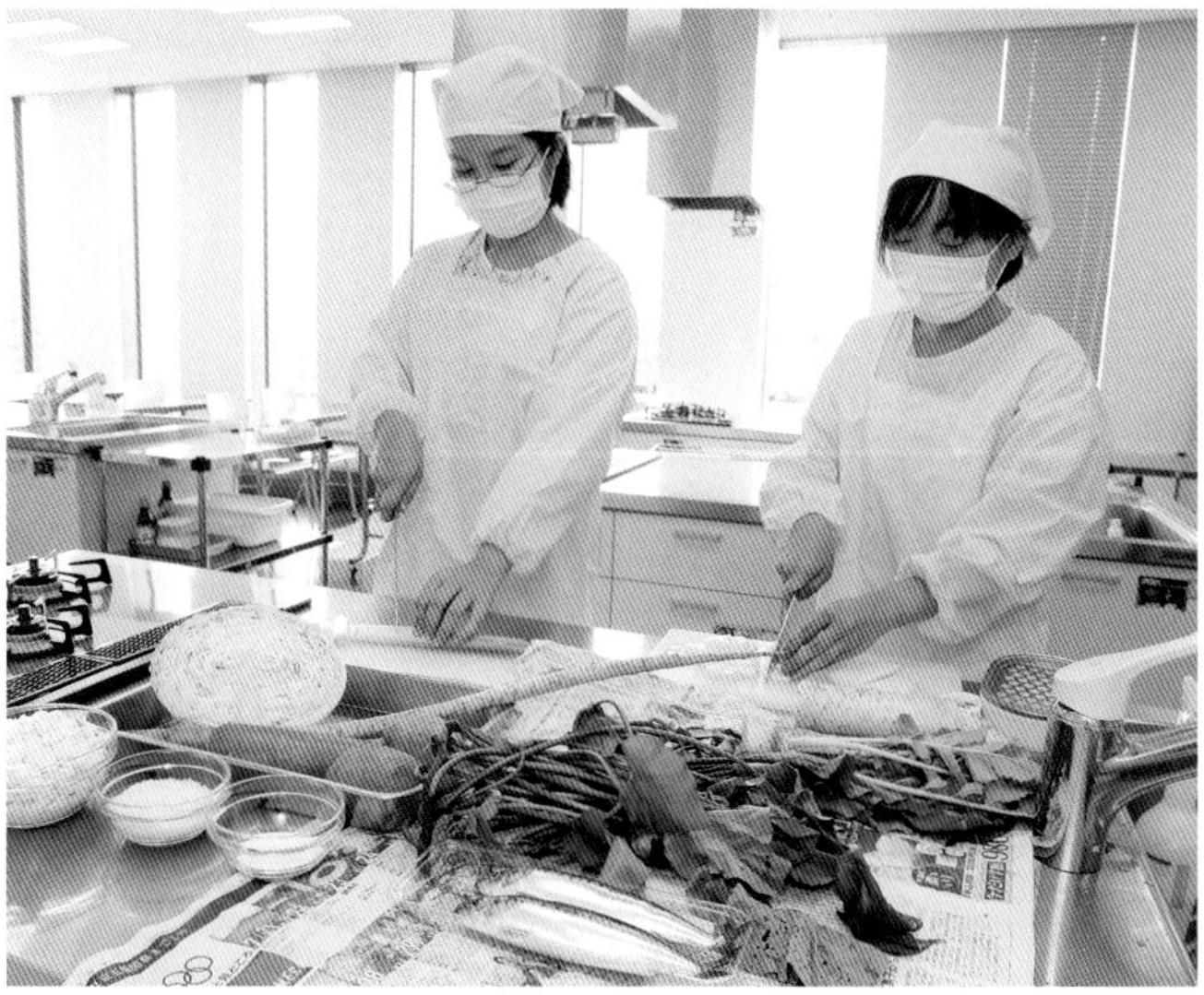

戦時下の食事を再現した記者２人。75年以上前のレシピに四苦八苦した

「今日のお台所」から

当時の「今日のお台所」について、一部表現を分かりやすくして紹介する。

魚の寄せ焼（1943年2月7日掲載）

魚肉をすりみにし、にんじん、馬鈴薯《ばれいしょ》（じゃがいも）、キャベツの芯などをおろしたもの、またはキャベツの芯のみじん切りを加える。みそまたは塩を入れ、2分（約0・6センチ）の厚さの円形に丸め、フライパンにやや多めの油を引き、ふたをして蒸し焼きとします。

馬鈴薯の代用餅（同10月16日掲載）

まず馬鈴薯を水洗いして煮て皮をむき、すりばちでよくすりつぶし、手を入れて温度を感じる程度に冷えたとき、メリケン粉またはくず粉を馬鈴薯１００匁《もんめ》（３７５グラム）につき40匁（１５０グラム）くらいの割合にまぜ、すりばちでよく練ります。

さらに板の上で伸ばして厚さ2分くらいのお餅に切ります。召し上がるときは焼いてもよろしく、汁に入れたり湯で煮る時には湯や汁を煮立ててからこの餅を入れます。

うの花（おから）炊き込みめし（同11月21日掲載）

〈材料〉5人前お米2合5勺《しゃく》（2・5合）、うの花5合、ねぎ2本、ごぼう少し、にんじん少し、しょうゆ大さじ2杯、塩小さじ半杯

にんじん、ごぼう千切りは水にしばらく浸し、あくぬき後水を切る。ねぎ5分（約1・5センチ）切り。お釜ににんじん、ごぼう、水5合入れ煮立てて、お米とねぎ、しょうゆ、塩を入れる。よく混ぜて火に掛け煮立ったら、うの花を入れて弱火とし、十二、三分置いて火を止める。むらしてから混ぜる。

昭和18年の新潟日報「今日のお台所」で紹介された戦時下のレシピの数々

空腹のあのころ(下) 恥ずかしかった大根飯

読者の体験談

戦後75年の節目を迎え、新潟日報社が募集した体験談には、戦時中子どもだった読者から、食べ物の思い出話が多く寄せられた。当時の話を聞き、大根飯とサツマイモのつるの炒め物を作ってみた。

サクサクの音 学校で出さず

大形国民学校4年生の9歳で終戦を迎えた新潟市東区の山田勉さん(84)は、学校に持って行く弁当が大根飯だった。おかずは梅干しやみそ漬けなどの漬物のみ。母の気遣いで見た目がいいように、上のほうはコメを多くし大根が見えないようにしてくれたという。

農家ではなかったが、借りた土地でサツマイモとキュウリを作っていたのを覚えている。農家の子どもたちは白米のおにぎりを食べていることもあった。「恥ずかしくて、弁当のふたを全部外さずに食べる分だけずらしながら食べた」

かさ増しのため、大根だけでなく大豆や菜っ葉も入れた。夕飯はコメをさらに節約した雑炊が多かった。おなかを満たすため食事の前には常にイモを食べた。

大根飯とサツマイモのつるの炒め物

山田さんの体験を聞き、大根飯の再現に挑戦した。レシピはないため、インターネットの情報を頼りにした。大根はコメと同量入れ、炊飯器を使用し、水加減は米の分量に合わせた。調味料は入れなかった。

山田さんに試食してもらうと、「これは普通のご飯と同じですね」と返ってきた。大根の量がもっと多く、コメも七分づきくらいだったそうだ。「大根のサクサクという音を出さないように食べた」と山田さん。食に苦労した当時を振り返り、「戦争は起こしてはいけない」と強調した。

サツマイモはいろいろな活用法があったようだ。上越市の石井春男さん(81)はおやつが干しイモだったという。「つるはみそ汁や煮物に使った」。サツマイモのつるは、当時の食料不足を物語る食材。石井さんの記憶から、炒め物を作ってみた。

ただ、サツマイモのつるはスーパーで見たことがない。今は手に入らないので、農家を営む記者の実家の畑から取ってきた。

少量の油で炒め、味付けはしょうゆを少し。つるは硬く、食べにくかった。皮をむけばよかった。葉はモロヘイヤのようにぬるぬるし、ほのかにサツマイモの風味がした。

「肉を食べる機会はほとんどなかった。子どもはみんな痩せていた」と石井さん。イナゴをつくだ煮にしたり、自宅でウサギや鶏をさばいたりしたこともあったという。

塩や砂糖など調味料も足りず、手作りしたという読者もいた。長岡市の近藤博さん(90)

は終戦直後、「海水を煮て作った塩を父が長野に持って行き、リンゴと交換した」ことを覚えている。

　砂糖がなく、子どもは甘いおやつを食べることが難しかった。中条村（現在の十日町市）出身の池田友好さん（86）＝新潟市西区＝は「アケビや柿が楽しみだった」と話した。

戦時料理作り 平和再確認を

　大根飯をレシピサイトで検索すると、ちりめんじゃこや油揚げを入れ、めんつゆで味付けするなどおいしそうな「ダイエット料理」として紹介されていた。戦時中の「かさ増し」とは意味が全く違うものだった。

　新潟調理師専門学校の管理栄養士、三国由美子さん（48）にも再現料理を食べてもらった。食糧難の中、ビタミンCはサツマイモやジャガイモから取れていたと教えてもらった。

山田勉さんに記者が作った大根飯を食べてもらった。「大根はもっと多く入ってた」と振り返った＝新潟市東区

　読者の体験談から、貧しかった食卓の思い出は、75年たっても忘れられないのだと実感した。夏休みに戦時の料理を親子で作り、平和の大切さを確認し合ってほしい。

（報道部・小柳香葉子）

　大根飯とサツマイモのつる料理はレシピがなかったため、インターネットの情報を参考にした。

大根飯

　コメ２合、大根３００グラム。大根は１センチ角のさいの目に切り、水の分量はコメの分量に合わせて炊く。

サツマイモのつるの炒め物

　つる（葉付き）１００グラムを炒める前に下ゆでする。３、４センチに切り、油を少量引いたフライパンで炒め、最後に少量のしょうゆで味を調える。

県人の証言

戦後75年。戦場で、銃後で、外地で、あの戦争を生き抜いた県人たち。その証言に、耳を傾ける。

1 「オイルハンター」 山崎善一さん（柏崎）

南方へ「血の一滴」求め

「この船に乗らんば日本に帰らんね。おらもうここで死なんばならねんだ」

1945年3月、山崎善一さん（92）＝柏崎市西山町＝は、シンガポールで悲嘆に暮れていた。日本へ向かう貨客船「阿波丸」に乗る予定が、乗船名簿から漏れてしまったのだ。

当時、制海権を失った日本の輸送船が次々と沈められていた中、この船に限っては「米国から航行の安全を保証されている」と聞いていたからだ。

山崎さんは43年秋、15歳で東南アジアの小島・タラカン島（現インドネシア）に派遣された。帝国石油の技術者で、石油探索を担う「オイルハンター」。海軍軍属として島で1年余り働いた。名簿漏れは本土へ戻る途中での出来事だった。

「一滴でも多く」。戦時中に石油を求め、南方へ派遣された山崎善一さん＝柏崎市

ところが後日、阿波丸は米軍の攻撃で撃沈されたと聞いた。「人生なんて分からないものだ。絶対に助かるはずの人が死に、死ぬと思った自分が生きている」

タラカン島には直径50メートルほどの巨大な石油タンクが並び、長さ数百メートルの桟橋もあった。ただ、順調に石油が採れたのは半年程度で、1年もすると採掘どころではなくなったという。

「戦争をするには石油がなきゃならん。外国から石油をもらえないので、南方で一滴でも多くの石油を掘れということだった」

「石油の一滴は血の一滴」とされた時代について山崎さんは今、静かに語る。

生きて帰りてぇ 涙伝う

乗る予定の船 生死分けた

「オイルハンター」として15歳で南方へ向かった山崎善一さん。小学校卒業後、故郷にあった石油技術工の養成所に入った。1年間、油井の掘削などについて学んだ後、タラカン島へ派遣された。

港や飛行場周辺にあった主要油井近くの本部に属し、掘削に関わった山崎さん。「2〜3本は掘ったような気がする」。島では、深さわずか数十メートルから数百メートルの地点で「石油がいくらでも出た」。1千メートルは掘らなければならなかった故郷の油井とは明らかに違った。

「〝石油タンク〟を掘っているようなものだった」

◇　◇

44年秋からは頻繁に空襲があり、多くの石油タンクも大きな被害を受けた。日本海軍がフィリピンのレイテ沖海戦で大敗した頃だ。山崎さんたちは当時、石油ではなく、攻撃から身を守るための「タコつぼ」を掘った。主要な油井は次々と使用不能になり、山崎さんたちは別の油井へと移動していった。

標高約100メートルの山上に建設された監視所で、昼夜の別なく歩哨を担当したという山崎さん。「双胴の飛行機（P-38ライトニング）が超低空で飛来し、機銃掃射してくる。何度も旋回して撃ってくるから、グルグルはいずり回って逃げた」

45年に入ると、米軍機の攻撃は一段と激しくなった。島には補給が届かなくなっていた。武器も弾薬も食糧もなくなっていった。

「ここで死なんばならんと思うと、生きて帰りてぇなぁ、なんて涙を流した」

服も靴も着たきりだった。いつでも逃げられるように靴を履いたまま眠った。

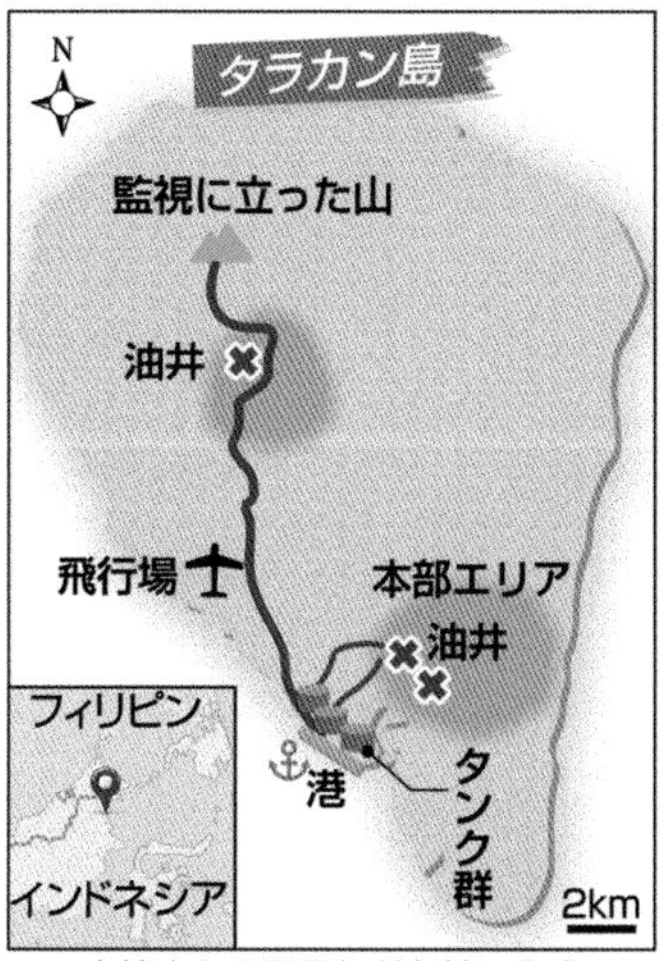

※山崎さんの証言などを基に作成。油井の位置は不明のためイメージ

45年2月、山崎さんは島を離れるよう命じられた。「木造のポンポン船に乗って磯伝いに逃げたんだて」

ただ、ポンポン船が移動するのは夜だけだった。「昼は攻撃されるから走らねぇんだ。船にニッパヤシの葉をかぶせて、つるして、なるべく海岸線に寄せて、動かさねぇんだ」

仮に攻撃を受けてポンポン船が沈められても、泳いで岸にたどり着けるように、船は、島から島へとなるべく岸を離れず、海を進んでいったという。

タラカン島に残った同僚もいた。米軍が5月に上陸すると、激戦の末、壊滅的な被害を受けた。

◇　◇

山崎さんは、自分が本土へ戻ることが決まった理由をこう推察する。「石油は採れないし、日本へ運べない状況になっていた中、国内で一滴でも多く採油しろということだったと思う」

シンガポールの港。阿波丸には、名簿の「あいうえお順」に乗船した。山崎の「や」は順番が最後の方だ。「以上、打ち切りー」。自分の名前が呼ばれる直前に、係員の無情な声が響いた。「いろは順だったら良かったのに」と、山崎さんは運命を呪《のろ》ったという。

小学校の同級生で、タラカン島でも共に過ごした同郷の友人は船に乗った。「俺は達者にやっていた、と伝えてくれ」。家族への伝言を託し、見送った。

4月1日、阿波丸は本土を目前に台湾沖で沈んだ。米潜水艦による攻撃だった。死亡したのは約2千人。本県の記録によると、この中に県人339人が含まれる。大半は石油技術者だったとみられている。

自らの意志とは無関係に、生と死が翻弄《ほんろう》される時代だった。

「人生、諦めずに生きることが最上の道だ。どんな苦労、悲しみがあっても諦めないことで、今もこうして生きてるんでねすか」。かみしめるように語った。

2 阿部昌彦さん（村上）

遺族に届けた空の骨箱

薄れぬ記憶 短歌に込め

「骨が入っているにしては妙に軽い骨箱だった。その感覚が今も忘れられない」。村上市の阿部昌彦さん(87)は語る。新潟市の関屋国民学校の5年生だった1944年秋、阿部さんは海洋少年団の一員として、新潟駅に着いた戦死者の遺骨を遺族に届けた。

駅に着くと、白布で内部を覆った客車が停車していた。中には隙間なく並ぶ無数の骨箱。「どのくらいあったか分からない。その光景に圧倒された」と語る。

遺骨伝達は戦死者の家がある地域の少年が担った。在郷軍人を先頭に4、5人の少年が骨箱を運ぶ。阿部さん一行の目的地は、現在の新潟高校脇の家だった。

家族が戦死した家は「靖国の家」「誉れの家」と称され、人々の尊敬を集めた。遺骨を運ぶ道すがら、目的の家が近づくと在郷軍人が「頭《かしら》、右！」と掛け声を掛けた。少年らは顔だけ家に向け敬意を表した。

「歩調取れ」の合図で腿《もも》を高く上げて歩いたとき、骨箱が無音なことに気付いた。「骨が入っていれば音がするはず。箱には何が入っているのだろうか」

目的の家では女性3人が出迎えていた。戦死者の母親と思われる女性に「ご英霊が帰って参りました」と骨箱を渡すと、「よう帰ってきた」と体を小刻みに震わせて受け取った。阿部さんは「息子を亡くしても泣いてはいけないという母の強さを感じ、戦争に勝つんだという思いがわき上がった」と当時を思い返す。

玉音放送を聞いたラジオを大切に保管する阿部昌彦さん＝村上市

阿部昌彦さんが詠んだ短歌の一部

託されし遺骨伝達に十二歳　凛々しくあらむと深呼吸する

母上は「よう、還ったね」とつぶやきぬ　遺骨受け取るからだ震へり

時代なる大き濁流に呑まれつつ　張りたる虚勢半ば懐かし

学校に戻り、友人と「骨箱、軽かったよな」と話していると、担任教諭が「あれは空じゃない。英霊が入っているんだ」と諭された。遺骨を渡した母親の姿が思い出され「俺たちが敵《かたき》を取ろうぜ」と口々に言い合った。

しかし母の実家がある村上市の疎開先で終戦を迎え、少しずつ心境が変化していった。終戦から1カ月半後の10月3日には瀬波海岸に進駐軍が上陸。物々しい雰囲気が街を包んだ。

そんなある時、祖母が病気になった。栄養があるものを食べさせたいが、手に入らない。父は進駐軍に頼み込み、当時高価だったバターを分けてもらった。

進駐軍が中学校の体育館でバスケットボールに興じる姿を目にしたこともあった。「華やかでかっこいい」と思い、中学入学後バスケットボール部に入部した。気付くと米軍への反発や恐怖は薄れていた。

「多感な時期に経験した遺骨伝達は、戦争の最も鮮明な記憶として残っている」と語り、後年、戦争経験を12首の短歌にしたためた。さらに戦争の記憶を伝えようと、ローカル紙「村上新聞」に回顧録を掲載している。「戦争は大人の責任だ。自分も大人になって平和を考えるようになった。軍国少年を再び生んではいけない」。平和を願い、今も筆を執り続ける。

3 泉田浩一さん（田上）

生死紙一重　やるせなく

行軍中　物量差に歯がみ

「ただ、命令に従うだけだった。考えてもどうもならねかったし」

新発田の歩兵16連隊に所属した泉田浩一さん(97)＝田上町＝は多くの兵が死に、病気もまん延、極限状況となる戦場をこう感じてきた。

1944年9月ごろ、ビルマ(現ミャンマー)に近い中国・雲南省竜陵のタコつぼに1週間こもり、敵とにらみ合っていた。連合国から中国への支援ルートを絶つための戦いだった。

穴の中で「飲まず、食わずで腹が減っての」。ある日、仲間と一緒に、飯を炊きに半日ほど山を下りた。敵に煙が見えない所で炊いて戻ると、誰もいない。急いで戦場に向かう途中、他の兵に「行くな行くな、全滅だ」と止められた。

「ご飯を腹いっぱい食った俺たちが生き残って、そうでない人が全滅した」とやるせない気持ちになった。

◇　◇

暗闇を行軍中、道の両脇で「うーん、うーん」という、うなり声も聞いた。

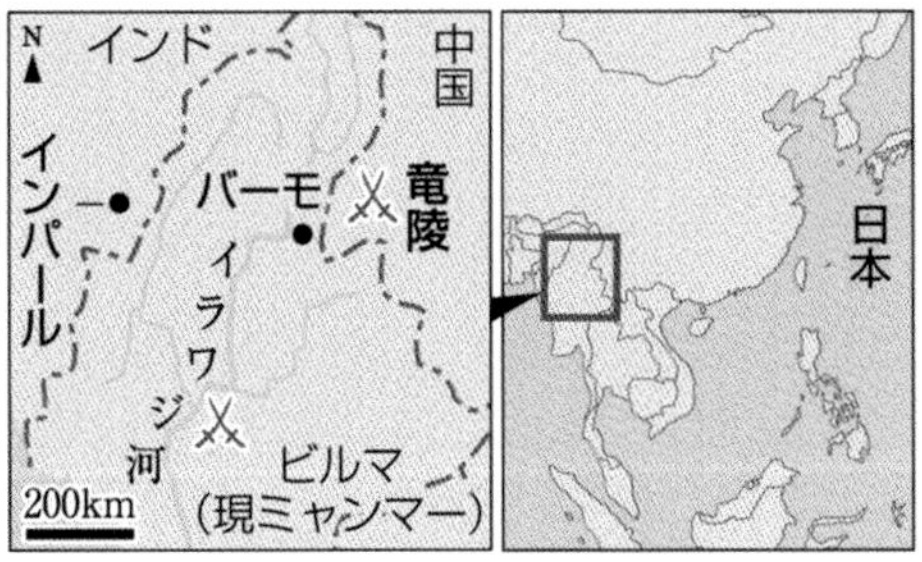

明るくなると、倒れた兵をたくさん見掛けた。弱った人もいたが、「どうしようもない。みんな精いっぱい」だった。「担架で1人を助けようとすると、交代するもん(者)も入れて5人いる」。そのまま通り過ぎるしかなかった。

兵器も物資も、彼我の物量差を目の当たりにした。

竜陵から次の目的地への道すがら、死んでいた兵士から靴を取ったことがあった。「毎日履く軍靴は、補給がないからボロになる。小さいのは駄目だが、ちっと大きいくれえなら履ける」。劣った日本軍の補給態勢に歯がみした。

◇　◇

45年のビルマ中部の戦いでは、イラワジ河の近くで、英軍と向き合った。

あるとき、命令を受け取るため、陣地から少し離れた本部に赴いた。そこで耳にしたのは、日本の歌だった。自陣とつながる有線のスピーカーから、兵士に人気の「誰《たれ》か故郷を想《おも》わざる」のレコード曲が聞こえてきた。戦意をそぐ英軍の作戦だった。

程なく、「敵が来た」と通信兵の声。カーン、カーンという戦車の砲撃が聞こえ、「ベトン(土)もなんもひっくり返るようだった」。運よく難を逃れたが、戦車の来襲を恐れ、近くの山に逃げ込んだ。

幾日さまよったか、記憶がない。「もう頭がパーになって、どっちが東だか西だか、いつだかも分からんようになっていった」。周りに知っている仲間はいなかった。話をすることもなく、黙々とみんなの後をついて歩いた。

食べものにも困った。「山の民のモミを取って来て、鉄かぶとの中に入れ、棒で突いて玄米にした」。枯れ枝を集め、火をおこしてご飯を炊いた。岩塩もなめてしのぎ、なんとか隊に合流した。

生と死は背中合わせだった。多くの戦友が亡くなる中で、いくつかの運が重なり、生き残った。

終戦をベトナムで迎え、46年5月に田上に戻った。75年前を今、思う。「生きるだけでやっとだった」

日本軍が奪った英軍のトラックに乗ったこともある。「鉄の塊みていで、すげえ坂も上った。日本のとは全然違った。そんげな国と戦ったんだて」と国力の差を語る泉田浩一さん＝田上町

4　村山元威さん(新潟中央区)

4年間の抑留生き抜く

人間性失う仲間に衝撃

4月の終わりから5月にかけ、シベリアの捕虜収容所近くを流れるアンガラ川の氷が解け始める。村山元威さん(96)＝新潟市中央区＝は「『ミシッ、ミシッ』という音が聞こえると、ああ、この冬も生き抜いたんだと胸が熱くなった」と語る。

新潟と北朝鮮を結ぶ「月山丸」の乗組員にあこがれ、1939年、15歳で東京の無線通信の専門学校に進んだ。下関―韓国・釜山間の関釜連絡船の乗組員になり、45年2月、関東軍の電信17連隊に入隊。満州の牡丹江《ぼたんこう》で有線の通信業務に就いた。

　その年の8月9日早朝、不寝番を終えて中隊に戻ると、ソ連軍侵攻を知らされた。すぐに南方の陣地を目指して歩いた。ソ連軍の大砲や戦闘機のごう音が近くに迫り、逃げ惑いながら、必死で陸軍飛行場のあった敦化《とんか》にたどり着いた。

◇　◇

　22日ごろ、そこで初めて敗戦を知った。監視していたソ連兵は「ダモイ、トーキョー（ロシア語で東京へ帰るの意）」と繰り返した。「日本に帰れるんだ」と期待した。

　しかし、牡丹江で乗り込んだ貨物列車は、日本海へ向かう東への進路を途中で西に変えた。太陽の位置で気付いた。「これは日本じゃない。どこかに連れて行かれるぞ」。ひそかに覚悟を決めた。

　10月、ソ連領内にあるブラーツクの収容所に着いた。待っていたのは過酷な作業だ。鉄道建設のための道路造りや路盤工事、通信連絡用の電線張りを命じられた。駅があるタイシェットに向け収容所を移動しながら、作業を続けた。

　路盤工事で発破をしかける穴を掘るため、鉄棒をハンマーでたたいていたとき、誤ってハンマーが指を直撃した。村山さんの右手人さし指の爪は、今でも伸びると割れてしまう。森林での伐採など慣れない作業の事故も多く、木の下敷きになって亡くなる人もいた。

　いつも飢えていた。1日の食事は、小さな黒パン2回と水のようなスープが1回。「目をぎらぎらさせながら、仲間といつも食べ物の話ばっかりしていた」。野生のユリ根を掘り、松の皮をはいで食べた。

　栄養失調や寒さ、伝染病で多くの兵が亡くなった。夜話していた仲間が、翌朝には冷たくなっていた。

◇　◇

「戦争になる前に“芽”を摘まなければならない。兵器は殺し合いのためで、自分を守るためというのは口実。兵器を造れば、それを使う状況をつくってしまう」と語る村山元威さん＝新潟市中央区

　2年目の秋、事件が起こった。衛生兵2人が脱走を図り、銃殺された。2人は仲間1人を殺害し、脱走用の食料とするために尻の肉を切り取った。

　「日本人は、なんと残酷なことをするのか」。ソ連軍の所長の言葉が忘れられない。3人の遺体は、みせしめに門の外にさらされた。

　「食料にするために仲間を殺した。あるはずの人間性がなくなっていたことがショックだった」。何度も目元をぬぐった。

　抑留から4年。ようやく帰国が許され、49年8月に舞鶴港に着いた。

　帰国後は無線技術を生かし、船から鉄道の世界に入った。これまで欠かさず、年に数回は護国神社に足を運んで犠牲者に手を合わせてきた。

　「若い命があまりにも多く散った。戦争は異常な殺し合い。二度と、あんな悲惨な世の中にしてはだめだ」。こう繰り返し、唇をかみしめた。

5 松山和子さん（上越）

教え子の笑顔に救われ

唯一の肉親 空襲で失う

　空襲で一瞬にして祖母と母を失った女性を支えたのは、教え子の澄んだ瞳だった。

上越市の松山和子さん（93）は子どものころに東京に移り住み、都内の女学校を卒業した。多くの同級生が軍需工場に行く中、恩師の勧めで教員の道を選ぶ。臨時教員養成所で半年間の研修を終えると、都内の国民学校で2年生の担任を務めた。17歳だった。既に縁故疎開や高学年の集団疎開が始まっていたが「戦争のことなんか忘れて楽しく授業をした」と振り返る。

1945年も3月に入ると東京に残っていた子ども全員の疎開が決まった。出発前日の夕食で母は「先生として行くのだから、立場を考えて行動しなさい」と諭した。これが祖母、母との最後の食事になった。

3月27日深夜、疎開列車は闇に紛れてひっそりと東京を出た。子どもたちは修学旅行に向かうようににぎやかで、もの悲しさはなかった。富山県黒部市に着くと残雪の中、2時間かけて受け入れ先の寺を目指した。

疎開児童には国から配給として肉や果物の缶詰やしょうゆ、みそなどが渡された。だが実際に手元に届くのはごく一部だった。「人の手を経るごとに上前をはねられた。子どもは親元を離れ我慢しているのにと、大人への怒りを感じた」

◇　◇

富山に行って2週間後の4月15日、京浜地区が空襲に見舞われた。唯一の肉親の祖母と母が帰らぬ人になった。

汽車の切符がようやく取れた2日後に上京すると街は変わり果てていた。「蒲田駅に着くと東京飛行場（現在の羽田空港）が見渡せるほど焼けていた。全てがなくなった」。手元に戻ったのは、母が国防婦人会の紙かばんに入れて守った米穀通帳などの書類と父の位牌《いはい》だけだった。

2人の死を確認して遺品を受け取ると、すぐに富山行きの汽車に乗り込んだ。「子どもたちが待っている」との思いからだった。「教師としての自覚を持つように」。汽車に揺られる間、母の言葉をかみしめた。

富山に着いた次の日には教壇に立った。子どもたちは変わらず元気だったが、松山さんの前では「東京」の話題を一切語らなくなった。「私の気持ちを酌んでくれたのだろう」と推し量る。悲しみは拭い切れなかったが「自分を姉のように慕い、無邪気な笑顔を見せる子どもたちの存在がなければどうなっていたか」と語る。

◇　◇

終戦後、10月までに多くの児童が親元に戻った。松山さんは自分と同じように家を失った子どもたちと46年3月までとどまり、その後、故郷に戻った。同じ屋根の下で過ごし、喜びも悲しみも分かち合ってきた教え子との交流は今も続いている。

「無邪気な笑顔を見せる子どもたちの存在が大きかった」と語る松山和子さん＝上越市

本当に竹やりで勝てると思っていた。日本が負けるなんてあり得ないと思っていた。「自分は本当でないことを教えられ、子どもたちに本当のことを伝えられなかった。知らされないことの恐ろしさを感じる」。そう語り、拳を握った。

6 小関邦秀さん（上越市柿崎区）

戦時の教育 おっかない

神社へ行進 必勝を祈願

「この道を、全校児童が毎日行進し、必勝祈願に向かった」。上越市柿崎区の上下浜小学校の前で、小関邦秀さん（83）は炎天下の細い道を指でさした。当時の名称は上下浜国民学校。上級生がラッパを吹いて先頭を歩き、全校児童約330人が目指したのは660メートル先の神社だった。

戦時中、戦勝祈願のため行進していった神社で「戦争というのは一番怖いことだと、子や孫の世代に伝えたい」と語る小関邦秀さん＝上越市

到着すると「天皇陛下に向かって、敬礼！」の掛け声で、全員で敬礼した。社《やしろ》に参拝すると、皇居のある方を向く形になった。

学校近くにもう一つ神社があった。ただ、参拝の際に皇居に背を向けて立つ格好になる。「天皇陛下に尻を向けて立つのは失礼だからと、わざわざ離れた神社まで歩いた」と苦笑する。

「日本には現人神《あらひとがみ》の天皇陛下がいらっしゃるから負けないんだと信じていた。戦時の教育はおっかないものだ。何も疑わなかった」と語る。

◇　◇

日中戦争が始まった年である1937年、旧柿崎町の浜辺の集落で4人兄弟の長男として生まれた。国民学校入学時は、既に学校生活でも戦争の影が色濃くなっていた。低学年から竹やりを担いで校庭を歩き、わら人形に向かって突き刺した。明治時代に製造された小銃を扱う訓練もあった。

下校後には仕事が待っていた。配給だけでは十分な量の食料が手に入らず、家族らで不足分を確保する必要があった。「海で遊びながら、塩を得るために、海水を浜辺にまいて〝塩田〟をつくったこともあった」

育ち盛りなのに腹一杯食べることができない「ひもじい生活」。それでも、当時は「軍国少年」の一人として勝利を信じていた。45年8月15日。終戦を伝える玉音放送を隣家のラジオで聞いた。「どうして。現人神様がついていたのではないのか」。涙があふれた。

信じられない思いが「納得」に変わったのは、終戦後に柿崎を訪れた占領軍の姿を見た時だった。

自分たちは「歩兵になれ」と竹やりで訓練を受けていた。一方、米兵たちは大きなジープ型の車に乗り、ガムをかみながら地域を巡っていた。米軍と日本軍の物量の差、力の差を見たような気がした。「敗戦」という現実が身に染みた。

米兵がかみ捨てたガムを井戸水で洗ってかむと甘みが感じられた。砂糖が手に入らず、甘い物といえば果物があればごちそうだった中で「こんなに甘い物があるのか」と感動した。

「敵性語」として教わらなかった英語で「ハローハロー」と呼び掛けると、新しいガムを車から投げてくれるのが楽しみだった。

◇　◇

49年に上越市名立区で機雷が爆発し、犠牲者が出た。同じ頃、柿崎でも同じような悲劇があったという。

小関さん宅のそばに住んでいた年齢の近いある兄弟が、海から拾ってきた鉄片をコマのようにして遊んでいた際に、突然爆発。鉄片は不発弾だった。

大きな音に驚いて家を飛び出すと、倒れて動かない兄と、号泣する弟がいた。「おもちゃもろくになかったから、海から拾うのが当たり前だった。不運だったね」。戦後75年の歳月が流れた今も、泣いている弟の姿を夢に見ることがあるという。

近年は、孫たちに時折、戦時中の写真や資料などを見せ、戦争の愚かさを伝えている。「戦争になれば、子どもでも普通の生活がなくなってしまうのだよ。厳しい生活になってしまうんだよ」と。

7 佐藤勘一さん（新潟北区）

暗号で戦況の悪化感じ

命と同等 乱数表を携え

1944年ごろ、暗号の方式が変わった。それまでは、一つの単語を「トン・チン・トン」のように三つの音で伝え、数字に置き換え、乱数表で解読していた。それが「トン・チン・トン・トン」と四つになった。

中国・山西省で従軍した元暗号兵の佐藤勘一さん(97)＝新潟市北区＝はそのころを、よく覚えている。「アメリカに暗号を解かれていた。日本の飛行機が反撃されることもあった」と変更を受け止めた。

現場での苦労は増えた。暗号のやりとりが難しくなり、悩みの種になった。「三つの数字なら通信兵が一つ間違って聞き取っても、前後の文脈で直せた。四つだと複雑で、どこを間違ったか分からなかった」

あるとき、本部との交信で、地名を取り違え、部隊が逆方向に進んでしまった。「半日も間違った。何百人も行軍しているのに」。部隊はすぐに反転したが、目的地に敵はいなかった。

「(懲罰房の)営倉入りか」と覚悟する中、

黄河沿いの作戦を振り返る佐藤勘一さん。「黄河の水を浄水器に掛けたら、いっぺんに壊れた。ちょっとや、そっとの濁りじゃなかった」＝新潟市北区

通信兵と一緒に大隊長から呼び出された。『今後こういうことがないよう、努力せいや』と言われただけだった」。安堵《あんど》とともに、暗号兵の重責を感じた。

◇　◇

42年の元日、歩兵30連隊(旧高田市)に入隊し、中国に赴いた。初年兵教育を受け、さらに「特技」として暗号を学び、山西省中部の平遥に配属された。「肌身離さず持っている、自分の命と同じ乱数表」で命令を解読し、こちらの状況も伝える役目だ。

普段は暗号を清書し、上官に渡すが、戦闘の際は一変、緊迫感が増す。とにかく早く情報を求める上官が「原文、原文を早く読め」とせかしてくる。必死に暗号を読み解いた。

暗号のやりとりから戦況の悪化も感じた。終戦の年には「どこそこの拠点を取られたから、注意するようにといった話がよく来た」という。「どこも負け戦。お互い、いかに自分の身を守るかとなった」といい、士気は上がらなくなった。

45年8月17日夜、「中国の兵に鉄砲や弾を渡せ」との暗号を受信。翌日、大隊本部に赴き、終戦を知った。帰国命令を待ち、故郷の土を踏んだのは46年5月のことだった。

◇　◇

出征して4年半、手紙のやりとりさえなかった旧豊栄市の実家に戻ると、母のタマノさんが泣きながら「勘一、帰ってきたかあ」と出迎えてくれた。「シラミがいるからと、素っ裸にされ、新しいパンツをはいて、新しい生活が始まった」

戦場から生きて帰った今でも、忘れられないことはある。

平遥にいたころのこと。部隊が12台のトラックで移動中、敵戦闘機の銃撃を受けた。中隊長は「飛行機に向かっていけば当たらない」と叫んだが、従う兵は誰もいなかった。

敵は3機で次から次へと襲ってきた。「トラックから降りて、機銃の来る1メートルの幅に入らんよう、必死に避けた」。幸い、死者は出なかったものの、トラックはすべてやられた。

「いつ殺されるか分からんかった」。そういう日々から時はずいぶん流れた。穏やかな暮らしがありがたい。

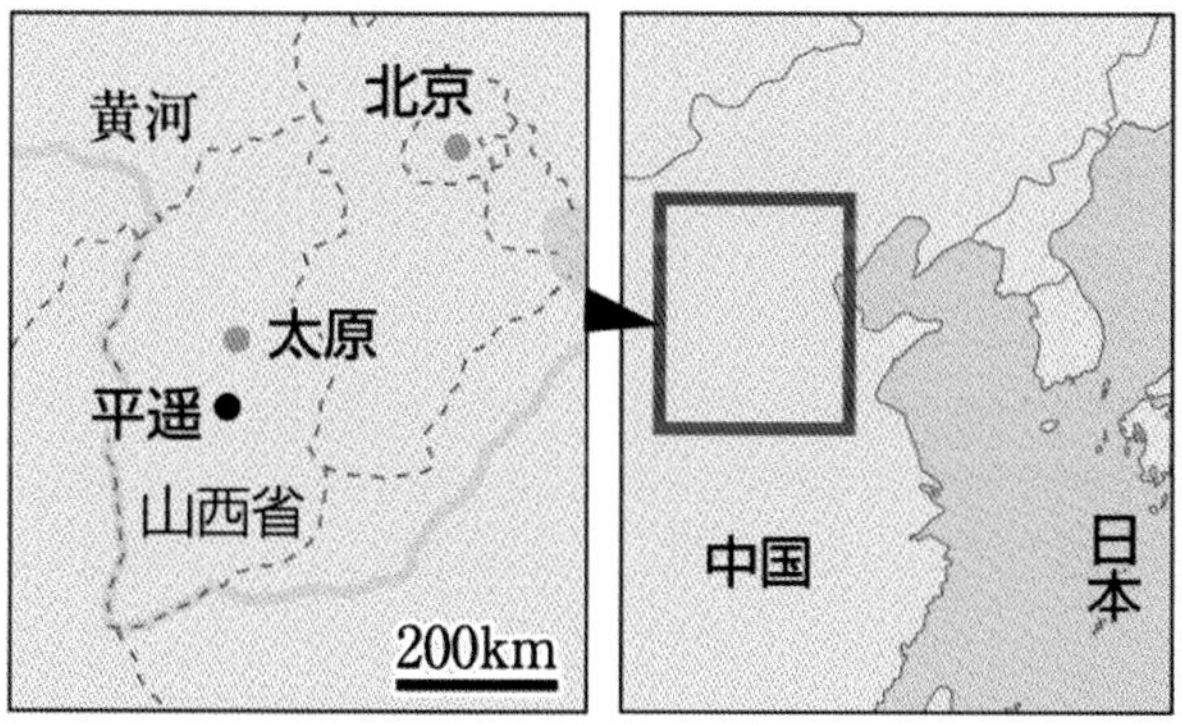

8 渡辺千枝子さん（新潟中央区）

父の最後の姿 聞きたい

異国での供養 孫に託す

新潟市中央区の渡辺千枝子さん(77)が父の千代吉さんを戦地で亡くしたのは2歳のころだった。千代吉さんは31歳だった。写真でしか知らない父の最期を思うと「戦後75年を経た今でも目頭が熱くなる」という。

渡辺さんは、千代吉さんと母ヤエさんとともに東京に住んでいた。両親は佐渡出身。1944年に千代吉さんが出征し、中国戦線で太ももを負傷して疎開先の佐渡に戻った。しかし終戦間際の45年に召集令状が届き、再び戦地に赴くことになった。

父を見送るため、渡辺さんはヤエさんや親戚とともに出征前夜、召集先の仙台の旅館に泊まった。「父の面影は覚えていないが、ビールのようなお酒を飲んでいたようだ」と記憶をたどる。

「異国の地で亡くなった父の無念を思うと胸が痛む」と語る渡辺千枝子さん。後ろの遺影は千代吉さん（左）とヤエさん＝新潟市中央区

戦中、戦後と父の消息を伝える便りはなかった。戦地から戻った人々が家族と再会を果たす中、ヤエさんは祖母と佐渡から県庁まで何度も足を運んだが、どれだけ待っても千代吉さんの安否は分からなかった。

◇　◇

終戦から2年がたったある日、広島県に住む復員男性から一通の手紙が届いた。そこには男性が千代吉さんと一緒に捕虜になったことや、中国東北部の延吉収容所に送られる途中、列車が立ち往生した隙に逃げ出した男性が千代吉さんも誘ったが、「もう体力がない」と実家の住所を託されたことがつづられていた。男性が逃げたのは1月の北朝鮮北部。寒さが厳しく、食料もほとんど与えられなかったという。

ヤエさんはこの手紙を県庁に出し、ようやく「戦病死者」として認められた。亡くなった詳細な場所が分からなかったため、男性が千代吉さんと別れた北朝鮮国境付近を「最期の地」として登録した。渡した手紙は戦後の混乱などで家族の手に戻ることはなかった。

渡辺さんは「広島の男性に会えるなら別れ際に私のことを一言でも話していなかったか聞いてみたい。せめて子孫の方にお礼も伝えたいが、もうそのすべがない」とため息をつく。

戦後長く、ヤエさんは千代吉さんの話をすることがなかった。「父がいないことを母はふびんに思っていたのかも。あるいは父が『戦死者』ではなく『戦病死者』で英霊ではないという気持ちがあったのかもしれない」と想像する。

ただ、ヤエさんは80歳を過ぎたころから千代吉さんの思い出をぽつりぽつりと話すようになった。出征前に暮らしていた東京で、娘を抱いて井の頭公園を散歩することが朝の日課だったこと、本を読むことが好きだったことなど、渡辺さんが知らなかった父の姿を教えてくれた。

◇　◇

父の面影をしのぶもう一つの手がかりが渡辺さんの孫の奎介さん(26)だ。98歳で亡くなったヤエさんが生前、「そっくりだ」と目を細めるほど顔つき、体格が千代吉さんに似ていた。渡辺さんは「父に見せたらきっと喜ぶだろう」と話す。

ヤエさんは「北朝鮮と国交が回復したら亡くなった地に大好きだったビールをまいてあげたい」と願っていたという。

渡辺さんは言う。「私は年なので難しいが、奎介が『俺がビールを供えてきてやる』と言ってくれているのがうれしい」。いつか孫が訪れてくれることを願っている。

追悼

昭和の語り部　半藤一利さん

ここから紹介する半藤一利《はんどうかずとし》さん（旧制長岡中出身）の物語は2010年に「ひと賛歌　昭和の語り部」として新潟日報に連載したものです。（以下、敬称略）

❶ "師匠"安吾 杯交わし「人生開眼」

なぜ、戦争が起きたのか—。65年前に焼け野原で芽生えた疑問を抱えたまま「歴史探偵」として昭和史に挑み続けてきた。旧制長岡中学出身の作家、半藤一利（80）。ベストセラーになった『日本のいちばん長い日』『昭和史』など数多くの著作を発表してきた。一方でテレビやラジオにしばしば出演、培った歴史観をもとに軽妙かつ鋭いコメントを寄せる。1930（昭和5）年生まれ。自らの体験が昭和そのものだ。東京大空襲を生き延び、長岡市で終戦を迎えた少年時代を原点に、傘寿を超えてなお研究や執筆に精力を傾けている。

私が太平洋戦争や昭和史を調べるようになったすべてのきっかけは、新潟市出身の作家坂口安吾さんとの邂逅《かいこう》でした。

—1953（昭和28）年春、半藤は文藝春秋に就職。入社から1週間後、安吾に出会う。

いま思うと幸運でした。当時の新入社員は3人だけで、最初は編集部の小使いです。ある日突然「酒飲めるのは誰だ」と聞かれ、一番酒が強かった私が手を挙げると、「安吾のとこ行って原稿を取ってきてくれ」と命じられました。

往復の汽車賃程度しかない財布を手に、すぐに群馬県桐生市の安吾邸に向かいました。ところが、会った安吾さんは「そんな原稿あったか？　ああ思い出した、全然書いてない」。途方に暮れていると、三千代夫人が「うちへ泊まったら」と勧めてくれたんです。

そのまま原稿ができるまで1週間、泊まり込みました。夜は毎晩、安吾さんの酒の相手です。安吾さんは酒が飲めない人が嫌いだったので、私が派遣されたんですね。

安吾さんは古代から近代まで本当に歴史に詳しかった。「史料をいくら並べても、本当の歴史は分からない。史料はみんな勝者が作り上げたもので、裏側を読まないと本当のことは分からないんだ」。こう繰り返し、酒をぐびぐびやりながらいろんな話をしてくれた。

例えば「大化の改新は中大兄皇子《なかのおおえのおうじ》が藤原鎌足《ふじわらのかまたり》と組んで、蘇我《そが》天皇家を倒した武力革命だった」とか「戦国時代の文献が調えられたのは江戸時代。だから武将の功績や実力は、徳川家にとって都合良く書いてある」とか。

ごく常識的な推理を働かせて、史料や文献の間を読む。そうした「歴史探偵学」を毎晩、教えられたんです。

—2年後、安吾は他界。半藤は安吾を師と仰

「安吾さんに学んだんですよ、歴史の見方の基本を」と語る半藤一利＝東京都世田谷区の自宅

ぎ、2009年には著書『坂口安吾と太平洋戦争』を出版した。

安吾さんと会って「歴史開眼」いや「人生開眼」したと言ってもいい。世に横行する偽の権威や文化を見抜く精神のこん棒に、頭を殴られたようでした。大木のような人でありながら天衣無縫、奔放不羈《ふき》でした。「ばっかだねぇ」が口癖で、とんちんかんな受け答えをして何度も言われましたが、妙に温かかった。

生涯であれほど輝いた、値千金の夜はなかった。大げさに言えばあの1週間は人生最良の日々でした。あれから私は安吾探偵の許しも得ずに弟子入りし、自らも歴史探偵を名乗ることにした。そして半世紀余り、自分なりの探偵術に磨きを掛けて日本近代史に挑んでいるのです。

❷ 長岡の経験

「賊軍」側の維新学ぶ

歴史というのはいろんな見方をすることができる。元祖「歴史探偵」坂口安吾さんのこの教えが胸に響いたのは、長岡にゆかりがあったことも大きく影響しています。

長岡に住んだのは、15歳だった昭和20(1945)年の太平洋戦争末期から、長岡中学(現長岡高校)に通った3年間です。ただもっと小さいころから、学校で習う国史とは違う見方を越後で学んでいたのです。

―東京で生まれた半藤は幼少期、夏になると父末松《すえまつ》の郷里・古志郡石津村(現長岡市越路地域)に泊まりに行った。

東京の学校では戦前の皇国史観、正しくは「薩長史観」を徹底的に仕込まれました。薩摩や長州などの勤王の志士が正義の味方「官軍」で、帝《みかど》に仇《あだ》なす徳川幕府と「賊軍」を撃破し皇国をつくったと教えられたのです。

ところが、父の実家では百八十度違う話を聞かされました。長岡藩は戊辰戦争で「官軍」に抵抗し、城下が焼け野原となった。祖母は「薩長は泥棒なんだて。7万4千石の長岡藩に無理やりけんかを仕掛けて5万石を奪った。連中の尊皇なんて泥棒の屁《へ》みたいな理屈だ」というのです。

全く裏返しの歴史観でした。ついでに長岡藩の逆襲を受けた山県有朋が命からがら逃げたといった秘話を聞き、子ども心に留飲を下げたものでした。そして「薩長史観」を冷めた目で見るようになった。東京生まれの夏目漱石や永井荷風が作品で「明治維新」ではなく徳川家の「瓦解」と言うのに敬意を払うわけです。

―半藤はベストセラーとなった『昭和史』に続き2008年には『幕末史』も出版、「薩長史観」に異議を唱えている。

今も年に何度か長岡市に帰ります。6月15日に講演したとき、明治以来の越後人の苦労を話しました。「賊軍」となった越後は明治新国家から苛烈《かれつ》な差別を受けました。国家に役立った「勲功華族」の数がそれを示している。薩長は各70人以上ですが、新潟県からは前島密らたった3人です。

越後人は近代日本のスタートからすごい差をつけられ、自分で道を切り開くしかなかった。この歴史と、雪に耐える風土が、忍耐強く努力を重ねていずれ大きなことをやってのけるという県民性を生んだと思います。

中国にも匹敵するものなしの『大漢和辞典』を一人で作った諸橋轍次、独学で『大日本地名辞書』をこしらえた吉田東伍たちはその典型でしょう。わが長岡中の大先輩、山本五十六元帥だって海軍では傍流で、差別されながら必死に頑張った。

日本を駄目にした太平洋戦争の開戦時、海軍の中央にいた幹部は面白いぐらい「官軍」出身者ばかりです。一方で終戦に尽力した鈴木貫太郎や米内光政、井上成美はみんな「賊軍」。だから長岡など「賊軍」と差別された人たちがいかに現在の日本のために貢献したかを、いろんなところで語っているわけです。
長岡の経験は、私の背骨みたいなものをつくってくれたんだと思います。

❸ 少年時代

下町気質 自由奔放に

生まれ育った戦前の向島辺りは、山の手のような澄ました上品さはかけらもない下町でしたね。同級生の親は豆腐屋や米屋、大工とかで、官吏やサラリーマンはいない。大人は開けっぴろげで世話焼き。子どもはみんな悪がきでしたが、中でも私はとびっきりでした。

—半藤は1930(昭和5)年、東京の隅田川の東側にある向島区(現墨田区)に生まれ、区立小学校に通った。

学校ではいつも先生に「働きながらも勉強している二宮金次郎さんを手本にせよ」と説教されていた。それで戦中に金属が不足し、各校の金次郎の銅像を国に供出すると聞き、友人とまた悪さを思いついたんです。

「この野郎のおかげでどれだけ説教されたか分からない。何の本を読んでいるか確かめてやろう」って、周り中の学校の銅像によじ登った。うちの学校は「忠孝」の2文字だけ。論語の文言が並ぶ像もあったが、5校目は白紙だった。「こいつ、読んだふりしてたな」と頭をこつんとやったり、あかんべえをしたりしていたら、その場で捕まった。ものすごい抗議がうちの校長に来たらしい。「わが校の恥辱だ」と怒鳴られ、校庭の朝礼台でさらし者になりました。

—古志郡石津村岩野(現長岡市越路地域)出身の父末松は、海軍などを経て母チエと結婚。向島で運送業をし、昭和11(1936)年から区議を2期務めた。

近所の稲荷神社でラジオ体操の後に「悪がき」仲間と。肩を組む3人の右端が半藤一利＝1938年ごろ、東京・向島区

おやじの実家は山林を持っていて割と裕福でしたが、5人兄弟の四男坊だったので家を出ざるを得なかった。

区議だけあって親分肌でしたね。飲んべえで、「勉強しろ」とかは一切言わないが、酒を手に人生百般の話をしてくれましたよ。太平洋戦争の開戦時に「何やってんだ、この国は」と憤り、周りから「非国民的だ」と思われるような人でした。愛国心は強かったけど軍国おやじじゃなくて、すごいリアリストだった。

敗戦がとにかく身にこたえたようで、戦後の変造酒をたくさん飲んだのがいけなかったのか、胃がんで昭和24(1949)年に世を去りました。47歳でした。

でも、おやじのリアリズムのおかげで、自分も軍国少年にならずにすんだ。その後の「歴史探偵」の素地みたいなものができたように思います。

—当時、旧制中学校に進むのはごく一部だったが、半藤は府立第七中学(現都立隅田川高校)に進む。

「いいか、中学に落ちたら小僧奉公に出すぞ」。おやじにそう脅され、さすがの悪がきも観念した。試験は口頭試問(面接)と体力検定、内申書で、国民学校に居残って口頭試問の練習をして、何とか合格しました。

入学したのは昭和18（1943）年4月。その月の18日に山本五十六・連合艦隊司令長官が戦死し、戦況はかなり厳しくなっていた。だからなのか、とにかく軍事教練でしごかれた。モールス信号や手旗信号は今もすべて覚えています。昭和19（1944）年11月に授業は中止になり、勤労動員で軍需工場に通った。そして、東京大空襲に遭うわけです。

❹ 東京大空襲

猛火の中 九死に一生

「なぜこんなことが」。14歳の時に抱いた思いが、小さな炎として体の中でくすぶり続けている。昭和史にのめり込んでいるのは、それが消えないからでしょう。炎の原点が、昭和20（1945）年3月10日でした。

――太平洋戦争で、多くの都市に壊滅的な打撃を与えた米軍の夜間無差別空襲。最初の標的が帝都・東京で人口が密集する下町だった。

「坊、起きろ。空襲警報だ」。おやじの声で跳ね起きたのは3月10日の午前0時すぎでした。急いで学生服に綿入れを羽織り、ゴム長を履いて飛び出しました。

外に出て驚きました。南側の深川方面がもう真っ赤に燃え上がっていた。母や弟妹は先に疎開していたので、おやじと2人で防空壕《ごう》の上にいるとB29が1機、低空で飛んできました。

それが頭上を通過する瞬間、パーンと破裂音がした。ガーッ。急行電車が真上を通るようなごう音とともに焼夷《しょうい》弾が降ってきて転げ落ちました。焼夷弾は、「モロトフのパン籠《かご》」と呼ばれる爆弾が破裂して36発の弾が飛び散り、火の付いた油脂をまき散らす。直撃したら即死でした。助かったと思う間もなく、裏の油脂工場で火柱が上がりました。

長岡戦災資料館で、太平洋戦争当時の日章旗を眺める半藤一利（右）。「東京大空襲を生き延びることができたのは、ただ運でしかなかった」＝長岡市城内町2

「これは駄目だ。すぐ風上に逃げるんだ」。おやじにそう言われたのですが「焼夷弾は消せる。恐るるに足りず」と教わっていた少国民の私は消火作業に励んだんです。逃げ遅れ、気付いた時は周りは火の海でした。

――10万人以上が犠牲になったとされる東京大空襲。半藤家があった向島区（現墨田区）は面積の約75％を焼失、8千人以上が亡くなった。

北風が強い日で、何十本も火炎放射器を仕掛けたような火流と真っ黒な煙が洪水のように迫ってきた。右往左往するうちに荒川の支流にたどり着き、救助の船に乗せてもらいました。ところが、川に飛び込んだ人を助けようとして、しがみつかれて落ちてしまった。水中ではおぼれる人に手足や肩をつかまれ、転がされる。どちらが水面かも分からず水を飲み、意識がもうろうとしました。

「死ぬ」。そう感じた時、両足の長靴が脱げ、沈んでいくので上下が分かった。無我夢中で人をかき分け、水面に顔を出すと、誰かが襟首をつかんで船に上げてくれたんです。げえげえ水を吐き、寒風に歯をがちがち鳴らしながらも「助かった」と妙にうれしかった。

川底へ落ちていく長靴をはっきり覚えています。

川岸には幼子を抱えた母親が大勢集まっていたが、猛火は容赦なく襲い掛かった。まず黒煙がわーっと押しかぶさり、みんなころっと倒れる。そしてあっという間に火だるまになり、かんなくずが燃えるように焼けていく。その様子を、ただぼうぜんと眺めていました。

夜が明けると、道には数え切れない死体がありましたが、ひどいもんで私は無感動そのもの。神経も感覚も鈍麻しきって、死んだ人に思いをいたすことはなくなっていました。いくらでも非人間的になれる。そこがおっかないですよ、戦争は。

❺ 疎開

悲憤胸に終戦迎える

―1945（昭和20）年3月の東京大空襲で半藤と父末松は生き残った。しかし家や家財がすべて焼けたため、母の郷里の茨城県に疎開し、先に避難していた母や弟妹と再会した。

茨城でも恐ろしい目に遭いました。ある日、土手を歩いていると、米軍の戦闘機が真っすぐ向かってきた。腰を抜かしてへたり込んだら、ダダダダッ。機銃掃射の弾が、すぐ30センチほど脇に一直線に土煙を上げました。震えて声も出なかった。相手は遊び半分だったんでしょうが、獲物となった私には恐怖と憎悪が植え付けられました。

家でそれを伝えたら、おやじは「敵の上陸も目に見えている。ここは危ない」と郷里の越後に行くと決めたんです。

―同年7月、一家は信濃川左岸の古志郡石津村岩野（現長岡市越路地域）に引っ越し、半藤は東京府立第七中学（現都立隅田川高校）から長岡中学（現長岡高校）へ転校した。

着いて10日余りたった8月1日、今度は長岡が空襲された。行く先々で攻撃に遭い、疫病神でもついているのかと思いましたよ。ただ、この時は市街地から10キロ以上離れていたので、信濃川の対岸が燃え上がるのを屋根で眺めていた。あの真っ赤な空の下に、自分が経験した惨状があるのだと悲しくなりました。

でも、おやじは脇でプカーときせるを吸っていた。下から「ばかもーん、火を目印に爆弾が落とされるじゃないか」と近所の人が怒鳴りました。そしたらおやじは「ばかばかしい、早く降伏すればこんなことにならないんだ」と不穏なことを大声で言ったのです。先見の明があったというか、あの時代にすごく冷静に戦争を見ていた。当時は分からなかったけど、偉い人でしたね。

―太平洋戦争では東京、長岡など64都市への無差別爆撃と広島、長崎への原爆投下で、50万人以上が犠牲になった。そして、8月15日が訪れる。

終戦の玉音放送を聞いたのは、勤労動員先だった長岡市の工場でした。機械が止まり、

「この門柱だけは昔と変わらないねえ」。長岡高校の正門に立ち、旧制中学時代を思い起こす半藤一利＝2010年6月、長岡市学校町3

妙にシーンとした中で「堪へ難キヲ堪へ忍ビ難キヲ忍ビ…」の詔勅が拡声器から流れた時、珍無類な連想をしました。下町のそろばん塾での「ご破算で願いましては、56銭なり…」という先生の読み上げです。それで「ああ、日本もついにご破算になったんだ」と、不謹慎にもくすりとしたんです。

その後、同級生と初めてたばこを吸った。国が敗れると女はすべて米国人のめかけにされ、男は南の島かシベリアで奴隷になると聞かされていたので、捨て鉢になったんです。持ち歩いていた英和辞典を「もう役に立たないから」と破いて、たばこの葉を巻きました。

しかし、家でおやじに奴隷の話をすると、「日本人を全員連れていくほど船があるわけないだろう。女が全員めかけになったら、米国の女はどうするんだ、ばか野郎」と一喝されました。これで目が覚めました。そうだ、戦争に負けたって絶望することはない。頑張れば再建できる、全く単純にそう思ったんです。

❻「米百俵」

心打たれ長岡に残る

終戦2日後の昭和20（1945）年8月17日、長岡中学（現長岡高校）に行ってみました。すると講堂に先生が数人いて山本五十六の筆による「常在戦場」の額を下ろしていました。

「戦争に負けるとはこういうことか」と厳しい現実を悔しく思った。と同時に、あまりにあっさりした転換にあきれ返った覚えがあります。

その後、長岡空襲は真珠湾攻撃の報復だったというデマも広まり、「山本のせいで被災した」と言いだす変わり身の早い同級生もいました。戦中は長岡の誇る名将とあがめ奉っていたのに、途端に罵倒《ばとう》する。私は「人として恥ずべき二枚舌だ」とやりあったもんです。

長岡中学時代に同級生たちと記念撮影する半藤一利（前列中央）。「米百俵の話にえらく感動して、長岡中に通い続けた」＝1940年代後半

これは戦後日本の精神的な急旋回の象徴的な出来事に思えます。たちまち民主主義でした。日本人は思想とか主義とかはすべて借り物で、権威者から別のことを言われるとすぐ寝返っちゃうところがある。「きのう勤王、あすは佐幕」。昔からそうですよ。

――半藤は15歳だった1945（昭和20）年7月に父の郷里・古志郡石津村岩野（現長岡市越路地域）に疎開し、長岡中学3年生に編入していた。勤労動員で中止されていた授業は9月1日に再開された。

終戦後すぐの冬が豪雪で、茨城県出身の母は「もう暮らせない」と言って翌年には一家で東京に戻ることにした。しかし私は長岡中が気に入り、残ると言い張りました。一時期住んだ茨城では「ソカイ、ソカイ」と散々いじめられたが、長岡の同級生はいじめないし、親しみやすかった。

そして何より「米百俵」でできた国漢学校が前身だったことに、引かれたんです。戊辰戦争に敗れて困窮を極めた長岡藩にとって、支藩の三根山藩から送られた米百俵は、太平洋戦争後の進駐軍の放出物資よりよっぽどありがたかったはずです。それなのに飢えに耐え、将来のために学校を造った。この米百俵の話は、敗戦後のわが胸の奥に強烈に響きました。

—1946（昭和21）年からは父が建てた家に一人で暮らし、卒業する5年生まで長岡中に通った。

東京では勉強より暴れるのが得意な悪がきでしたが、長岡では英語の成績がぜんよくなった。疎開前に通った東京の第七中（現都立隅田川高校）で鍛えられたからです。七中は軍国主義的でしたが、勤労動員前まで英語の授業を減らさなかった。長岡中は戦時中、減らしたんじゃないでしょうか。それで秀才の仲間入りをしちゃった。

人間は面白いもので、「あいつはできる」と見られると、さらに頑張るようになるんですね。岩野では周りに同級生が誰もいなくて孤島みたいだったので、境遇的にも勉強しかすることがなかったのです。成績はぐんぐん上がり、4年生の時の模試で5年を抑えて全校1番になりました。自分でもびっくりしました。たまたま帰省したおやじが「半藤家からそんな頭のいいやつが出るわけねえ」と驚き、わざわざ学校に確認に行くほどでした。長岡時代は大きな変化があった3年間でした。

❼ ボート部

「継続は力なり」実感

—1948（昭和23）年春、長岡中学（現長岡高校）を卒業した半藤は、旧制浦和高校に進学。学制改革があり翌年、東大文学部に進んだ。

高校から大学までの5年間は、ボート部に入っていました。以来、私の人生にとってボートは大きな比重を占めるものとなったのです。やらない人には分からないが、ボートの練習ほど厳しく、むなしいものはない。単純な動きだけにかえって難しく、漕《こ》げども漕げども艇が進まない。猛練習の末にレースに負けようものなら、なぜこんなことを続けなければならないのかと思います。ただ、どんなに退嬰《たいえい》的な気持ちになってもやめませんでした。来る日も来る日も隅田川で練習しました。

それは浦和高校での苦い経験があったからです。夏、インターハイに出場すべきか否かで部が割れた。私は夏休みにゆっくり本を読みたいと甘い夢を見て不出場に賛同し、出場しないことになった。しかし、そんなふうにつらさから逃げても、情けなく思えるばかりで、挫折したような気持ちになった。結局、何一冊読むでもなく、夏休みは漫然と過ぎました。この時、今後はやると決めたら最後までやり通すぞという人生観が生まれました。

今振り返ると、本当にやめずによかった。いい友達もできたし、達成感も大きい。地道に続けることの重要性がよく分かりました。基礎的な体力は長岡で3年間、家から国鉄の来迎寺駅まで5キロの道のりを毎日歩いたことでついていましたが、その上にボートで心肺機能も強くなりました。

継続は力なりはスポーツ以外にも言えます。太平洋戦争に関する史料を何度となく読み込んでいますが、繰り返すことである日突然、目の前が開けて問題点が明確になり、以前とは違う見方ができるようになる。そんなふうに、史料をいろんな角度から見ることは歴史理解には何より大切です。

ボート部では、大学4年の時、全日本優勝の栄誉に輝きました。今もその瞬間を思い出すだけで、気落ちしているときも元気になりますな。

—全日本優勝は、進路にも影響した。1953（昭和28）年、半藤は東大文学部を卒業し文藝春秋に入社する。

本当は新聞記者になりたかった。戦時中の新聞がいかにインチキだったか身に染みていたので「記者になって正しいことを書いてやる」と。ところが、ボートの優勝で有頂天になり、谷川岳のふもとにある東大寮に行って何日もどんちゃん騒ぎをしている間に、ほとんどの新聞社の願書受け付けが終わっちゃったんです。

　それで、残っていた東京新聞と文藝春秋に申し込んだ。たまたま試験日が同じで、会場が東京新聞は中央大、文藝春秋が東大。中大はどこにあるか知らなかったから、文藝春秋を受けて入った。

　もともと「文藝春秋で歴史をやってやろう」なんて気があったわけではないんです。しかし、入社してすぐに坂口安吾さんと出会うという幸運があり、道が開けました。

❽ 文藝春秋

太平洋戦争史に没頭

　文藝春秋に入って坂口安吾さんに「歴史探偵」の基礎を教わった後、伊藤正徳さんの担当になり、昭和史を調べ始めました。

—戦前から海軍記者として活躍した伊藤（1889〜1962年）は、時事新報社長を務めて『連合艦隊の最後』などの戦記を残した。半藤は入社3年目の1955（昭和30）年に出版部に異動し、ジャーナリストの伊藤の取材を手伝うようになる。

編集者のころの半藤一利。「月刊文藝春秋と週刊文春の編集部を行ったり来たりした」＝1970年ごろ、文藝春秋

　伊藤さんの名刺を持って、陸海軍の生き残りの将官の話を聞きに行きました。ただ、取材原稿を伊藤さんに渡すと「この人は相変わらずだね」と、よく駄目出しされた。証言者がうそをついていることが間々あり、知識のないわたしがそれを見抜けないまま取材したためでした。「これは大変だ」と昭和史や太平洋戦争の猛勉強を始めたんです。

　多くの旧軍人に取材し、昭和36（1961）年には伊藤さんの監修で週刊文春に「人物太平洋戦争」という連載をし、本になりました。翌年、亡くなる直前の伊藤さんを見舞うと「半藤君、いい仕事をしたね。こういうことは残さないといけないから、研究を続けなさい」と言われた。この遺言に従い、これまで取り組んできました。

—1963（昭和38）年には「文藝春秋」8月号特集で大座談会「日本のいちばん長い日」を開く。戦時中の政府や軍の幹部から前線の将兵、銃後の市民まで28人が終戦時の状況を証言。33歳の半藤は司会を務めた。

　大体、座談会というのは5、6人でやっても、1時間もすると私語が始まるんです。けれど、このときは28人が5時間ぐらいやったのに、みんなじーっと熱心に人の話に耳を傾けていた。それを見て「日本人は戦争がどんなふうに終わったのか、具体的に知らないんだ」とよく分かりました。

　当事者が生きている今のうちにできるだけ多くの話を聞き、残した方がいい。そう思って取材し2年後、昭和20（1945）年8月15日の終戦の玉音放送までの24時間をまとめた本『日本のいちばん長い日』を出版しました。

　当時は編集部次長でデスクをやっていたから、社務もかなり厳しかった。毎朝4時に起きて、原稿用紙をしこしこ埋めましたよ。夜も仕事や飲み会で遅かったのに、よく書いたと思いますね。

　いろいろな事情から、最初は「大宅壮一編」として出版しました。その後、平成7（1995）年に新事実を加えた決定版を再出版することになり、わたし自身が、もの書きとして独り立ちしていたこともあって、大宅さんの遺族に断り、わたしの名前で出させてもらいました。ずっと別れていた子どもに「おれがおやじだ」と名乗るような、何やら甘酸っぱい気分になりました。

「日本のいちばん長い日」は英語版が出たり、映画化されたりしました。座談会の方も映画化され、ことし8月7日から一般公開されます。編集者から役員まで41年間、文藝春秋にお世話になりましたが、やっぱり「―長い日」のことが一番思い出深いですね。

❾ 編集者冥利

清張、司馬と深い親交

研究をずっと続けたので、文藝春秋社内ではすっかり昭和史や太平洋戦争のオーソリティーになりました。

以前は「何やっているんだ、あいつは」とばかにされましたけどね。文学志向が強い社員が多い中、旧軍人とかばっかり会っているんだから。会社の後輩だった立花隆君も「半藤さんは何でこんなに戦争に詳しいのか。危ない人かもしれない」と思ったそうです。右翼に見られたんでしょう。

―半藤は「週刊文春」や「文藝春秋」の編集長を歴任。1994(平成6)年に顧問を退任するまで41年間のほとんどを編集者として過ごした。

編集者は新聞記者と同じで、名刺1枚で誰とでも会える。しかも1回こっきりじゃなくて、知己になり、ひざを突き合わせて貴重な話を聞く機会が何度もある。そこに編集者冥《みょう》利《り》があるわけです。もう生涯一編集者でいい、生まれ変わってもまた編集をやりたい、と思えるぐらいでした。

小説畑ではありませんが、何人かの作家と親しくなりました。中でも、松本清張と司馬遼太郎の2人の謦咳《けいがい》に長く接し得たのは、素晴らしいことでした。

―半藤は1960年代に松本、司馬を担当し、松本が1992(平成4)年、司馬が1996(同8)年に他界するまで付き合った。2002(同14)年には2人との親交を基にした『清張さんと司馬さん』を出版している。

清張さんは自宅が近所だったので、ちょくちょく家にお邪魔し、取材旅行にも同行しました。とにかく仕事熱心で勤勉。特に昭和30、40年代には何本も連載を抱えて、すごいペースで原稿を書いていました。酒は飲まないし、休日もほとんど取らないんですよ。

北米に取材旅行に行った時、打ち合わせのために夕飯をそそくさと切り上げ、ビールを飲むひまを与えてくれない清張さんに対し、酒飲みの私が不遜《ふそん》にも不機嫌になったことがありました。すると翌朝、清張さんはわざわざ自分でアイスクリームを買ってきて「これでも食べて、機嫌を直してくれ」と言うんです。もうただただ、頭を下げました。清張さんは、誠に失礼ながら風貌《ふうぼう》からは想像もできないほど、本当に優しい人でした。

司馬さんとは最晩年まで、近代史などについて何度か対談しました。大阪の自宅にも何度か伺いました。司馬さんは『峠』で、わが長岡藩の河井継之助を広く世に出してもくだ

司馬遼太郎(右)の自宅を訪ねた半藤。司馬の晩年は歴史だけでなく、文学について語り合うことも多かった＝1980年代後半、大阪府

さいましたし。もっとも私は継之助の開明的な思想や武士としての美学は認めても、一国の命運を握る人間が国を滅ぼす道を選んではならないと思いますがね。

それはともかく、司馬さんは清張さんと対照的に、優しそうに見えてかなり厳しい人でした。特に同年代や年上の人に対する、驚くほど厳しい批評を何度も聞きました。

ただ、いずれにしろ小説家は、普通の人とはどこか違うんですよ。安吾さんもそうでしたが、わがままといえばみんなわがままです。自分がいつだって主人公。逆にそうでなければ、いい作品が書けないという面もありますからね。

⑩ 山本五十六

大先輩の気概継いで

—1985(昭和60)年に文藝春秋の取締役になった半藤は、専務や顧問を務めて1994(平成6)年に退任し、作家となった。

やっぱり編集や取材が面白いし、好きなんですよ。役員になっても編集者をやっていたんですが、専務で経営者になったら途端に嫌になっちゃいましてね。編集に比べたら全然面白くないので、もう勘弁してくれ、と辞めさせてもらいました。

越後の血筋というか、遺伝子みたいなものがあるのかもしれません。越後の人はとっつきにくいところもあるが、時流におもねることなく、こつこつと努力を重ねる人が多い。私も、経営や人事をやるより、自分でこつこつ研究や取材をする方がいいと思って、物書きになっちゃったんです。

だから、学会に入って偉い人につくようなこともやりません。今も一人で新しい事実を探し出しては、喜んでいるんですよね。東京で生まれ育ちましたが、性根は第二の故郷である越後の人たちとあまり離れていないのではないかと思います。

—半藤は長岡市の「米百俵賞」選考委員長や「米百俵塾」名誉塾長を務める。同市で毎年3月に賞の選考、6月に授賞式と講演を行っている。

どちらも一日仕事で大変だけど、思い入れもありますから。3月の選考委員会の後は必ず、市内で長岡中学の同級生と飲んでいます。20人ぐらい集まってくれる。長岡に住んだのは3年間だけですが、同期の仲はずっと続いています。一昨年までは東京でも年2回、同級会をやっていました。

終戦直後に会った仲間だから、普通の時代とは少し違うのかもしれません。長岡市街は焼け野原で、家族を亡くした同級生もいた。みんな一緒になって苦労しながら一生懸命、生きて、勉強したんです。早くイッチョマエ(一丁前)になって、一緒に新しい日本をつくるんだ、と青雲の志みたいなものを共有していましたからね。

そういう思いを抱いていたからか、作家になってからも中学の大先輩、山本五十六元帥を大いにひいきにしています。苦学して海軍に入った山本は、薩長の「官軍派」が大手を振る中で「今に見ていろ、イッチョマエの大仕事をしてみせるぞ」と、反骨の気概と激しい闘志を燃やしたんです。

いろんな雑誌で山本について文章を頼まれると、必ず承諾してきました。今また、山本を映画化する動きがあり、監修などで協力しています。東京の長岡中学・高校の大同窓会も以前は、彼の命日の4月18日にやっていたんです。

先日、山本の生家跡にある長岡市の山本記念公園を久しぶりに訪れました。あそこを、こぢんまりした公園にした長岡の人のセンスはいいですね。戦中に山本神社を造る動きがあり、米内光政海軍大臣らが反対して駄目になりましたが、よかったと思いますよ。太平洋戦争の軍人の中で最も人間くさかった人ですから、神様にされなかったことを本人が一番喜んでいるんじゃないでしょうか。

⑪ 末利子夫人

漱石の孫娘 長岡で縁

結婚したのも、長岡の縁です。初めて顔を合わせたとき、まだ妻は小学生でしたね。

―半藤の妻・末利子《まりこ》(75)は、長岡市出身で夏目漱石門下の作家松岡譲と、漱石の長女筆子《ふでこ》の娘。終戦を挟んで3年間、半藤は古志郡石津村(現長岡市越路地域)で暮らし、当時、松岡一家も長岡に疎開していた。

来迎寺駅から長岡駅まで信越線で通っていたんだけど、終戦直後で列車が少なかった。帰りは放課後、何時間も待たなければならず、親しい同級生の家に行って時間をつぶしていたんです。

その一人が、宮内駅の近くに住んでいた松岡新児君。松岡家の長男で、彼には背が小さくて目が大きい妹がいた。小学5年生ぐらいだったかな。「宿題やってぇ」なんて言ってきて、勉強を教えてやりました。それが妻です。本人は当時のことは全く覚えていなくて、感謝もしないですけどね。

新児君は早稲田大を出て、NHKの記者になった。お互いに社会人になってからも時々、一緒に酒を飲んでいました。そのうち彼女も長岡高校を卒業して早大に入り、兄の家に下宿した。それで再会したんです。

漱石の孫というのは知ってはいましたが、同級生の妹として出会って結婚しただけのこと。もう近々、金婚式ですよ。

―末利子は随筆家で漱石家にまつわる本を執筆。半藤も1992(平成4)年に出版した『漱石先生ぞな、もし』以降、漱石についての著書を計7冊出している。

松岡譲の墓に手を合わせる半藤夫妻＝2010年、長岡市村松町

漱石について文学論をぶってやろうなんていうつもりは毛頭なかった。実は全部、昭和史研究の延長線上なんです。

祖国敗亡に導いた太平洋戦争の源流をたどると、明治時代に行き当たる。司馬遼太郎の『坂の上の雲』の後、日露戦争から大正初期までの約10年間が転回点となり、昭和前半まで日本はどんどん悪くなるんです。

生前の司馬さんには「『坂の上の雲』だけでは明治日本は素晴らしかったで終わってしまう。あの後を書かないと近代史は正しく残せませんよ」と話したことがありました。そしたら「お前が書けばいいじゃないか」と言われて、日露戦争後の日本と海軍についての著作に取りかかったんです。

その脇役の一人に考えたのが、漱石でした。日露戦争中の明治38(1905)年に『吾輩は猫である』を発表し、大正5(1916)年に没した漱石は、まさに転回点を生きた人で、偉大な文明批評家でもありました。

漱石の著書や関連資料を読んでメモをつけているうちにノートがたまり、こっちの方が面白いじゃないか、となった。それで、文学論ではない漱石像の一端やエピソードをまとめて出版したら、ベストセラーになっちゃった。以降、何冊も出しているわけです。

義母の筆子さんと20年ぐらい一緒に住みましたが、それほど漱石の話はしないまま、平成元(1989)年に他界しました。以前から本を書こうと思っていたら、もっと話を聞いたんですけどね。

⑫ 原動力

執筆 生きている証し

—半藤はこれまでに50冊以上のノンフィクションやエッセーを書いている。分野も歴史から文学、文化論まで幅広く、共著も数多い。

文藝春秋時代は5冊ぐらいしか書いていないので、大半が会社を辞めてからです。今年は文庫も入れて8月まで毎月1冊ずつ出している。「月刊半藤」ですよ。

原動力は何かと問われれば、「生きているから」です。証しみたいなもの。熱中できるものがない退屈な人生ほど面白くないものはない。幸い、私は昭和史と太平洋戦争というすごいテーマに取り組んだもんだから、80歳まで続けてこられた。今でも新しい史料を前に「うーん、そうか」とうなる発見があります。飽きないんです。

昭和天皇とか明治史とか書きたいテーマは、なおたくさんある。でも時間がないですね。坂口安吾師匠についてもまとめることができたのは終戦までで、戦後の活躍は誰かにお任せになりそうです。

近代史関連の文献や小説がびっしりと並ぶ半藤の自宅の書庫。傘寿の今も「書きたいテーマはたくさんある」という＝2010年、東京都世田谷区

—半藤は『昭和史』などの近年の著書で、幕末以降の日本は40年周期でよくなったり、悪くなったりしているという「40年史観」を展開している。

ペリー来航を受けて国策で「開国」と決まったのが慶応元（1865）年。欧米列強の植民地になることなく近代国家づくりに励んで日清戦争を制し、さらに日露戦争に勝ったのが明治38（1905）年。そこから強国の仲間に入ったとおごり、太平洋戦争で国を滅ぼしてしまうのが昭和20（1945）年です。

連合国軍総司令部（GHQ）の占領が終わった昭和27（1952）年から戦後復興が始まり、経済大国として繁栄の絶頂を迎えて平成4（1992）年にバブルが崩壊した。

戦後40年は国家の機軸に憲法の平和主義と経済第一主義がありましたが、今は目指す国家像もなく浮遊しているようで、また滅びの40年になるのではないかと危惧《きぐ》しています。2032年を考えてみてください。これまでの官僚計画経済国家では立ちゆきません。私は機軸は平和憲法でいいと思いますが、駄目だという人も多い。少子高齢化も著しくなり、対策が急務です。しかし、国はほとんど何も手を打っていませんね。

本来、歴史を学ぶのは、こういうときに選択を誤らないようにするためです。年号や首相の名前を覚えることが歴史ではない。歴史は人の英知や愚昧《ぐまい》、勇気と卑劣などすべてが表れる物語、人間学なんです。歴史は繰り返すという言葉がありますが、繰り返しませんよ。ただ、人間は同じことを繰り返します。環境や条件が変わっても、どんなときに誤った判断をして、どんなときにうそをついたり、ぶれたりするか、人間の行動は昔から似ています。

だから、過去の例をいい手本としなければいけない。みんながもっと面白く、楽しく、そして正しく歴史を学ばないと。そのためにも近ごろは、肩ひじ張らずに歴史に親しんでもらえるような、柔らかい内容の本もたくさん出しているんです。

＝おわり＝

尽力した。ただ長岡花火は「どうしたって焼夷弾を思いだしちまうから」と見に来ようとしなかった。

80代になっても多くの著書を出し、「これが生きている証しだ」と創作意欲は最晩年まで衰えなかった。

「日本が平和で穏やかであり続けるために、思考停止してはいけない。耳触りのいい意見になびいたり、歴史のマイナス面に目をつむったりしないこと」。こんな語録が並ぶ取材メモを、何度も読み返している。

（論説編集委員・小原広紀）

取材を終えて

小原広紀（当時長岡支社）

「米百俵の話に感激して、長岡に一人で残ったのが運の尽きよ」。本県との縁を、こう冗談めかした。東京の下町仕込みの「べらんめえ」口調。独特のテンポとユーモアにあふれた語り口が小気味よかった。

体験がそのまま昭和史だ。歴史はもちろん文学や芸術などの造詣の深さにも圧倒されつつ夢中で聴き入り、長時間の取材もあっという間に過ぎた。記者自身が長岡高校の後輩でもあり、「第二の故郷」への深い愛着もうれしかった。半藤さん流にいえば記者冥利を感じる取材だった。

追想

作家、昭和史の語り部　半藤一利さん

２０２１年１月12日、90歳で死去

「わが長岡」常に心に

体験が昭和そのものだ。

昭和５（１９３０）年生まれ。太平洋戦争の東京大空襲で死線をくぐり抜け、疎開した長岡で終戦。旧制長岡中学（現長岡高）を卒業した。東大を出て文藝春秋に入り、昭和30年代から「歴史探偵」として研究を重ねた。

２０１０年に連載「ひと賛歌」で密着取材して以降、節目節目に話を聞いた。膨大な史料と取材で培った知識や歴史観を、育った下町のべらんめえ口調で軽妙に語った。新聞やテレビに引っ張りだこになるのがよく分かった。

平成時代は天皇皇后両陛下（現上皇ご夫妻）に私的に何度も招かれ、史実を解説して懇談した。秋篠宮家に呼ばれたこともあった。

近代史の碩学《せきがく》と言われたが、全く偉ぶらなかった。東京・世田谷の自宅近辺ではいつも下駄《げた》履きに半纏《はんてん》姿。「この辺じゃ『下駄の先生』って呼ばれてるよ。先生ってガラじゃねえんだけどよ」と大声で笑った。

取材は大抵、午後。近所の飲食店で話を聞き、夕方になると「おい、酒にしよう」となった。末利子夫人も交えて、長岡の地酒を実にうまそうに飲んだ。

多忙な中で取材に毎回応じてくれたのは、本県や長岡の話をしたかったのも一因だと思う。「わが越後」「わが長岡」とずっと気に掛けていた。

長岡の縁で山本五十六贔屓《びいき》を自認し、映画化にも

「わが中学校の大先輩」と慕う連合艦隊司令官山本五十六の胸像の前で、長岡の思い出を語る半藤一利さん＝2010年、長岡市

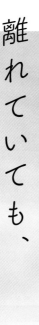

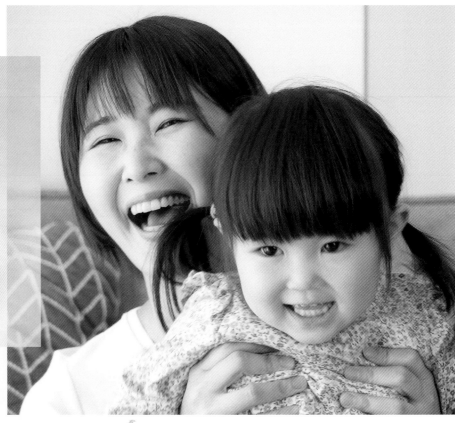

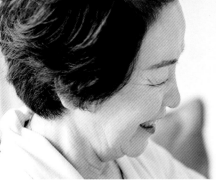

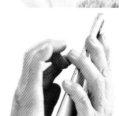

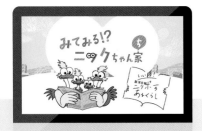

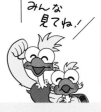

〈おことわり〉

本書は新潟日報に掲載した企画「にいがた戦後75年」などを再構成したものです。
年齢、所属、肩書などは掲載当時のものです。

〈裏表紙写真〉

真珠湾攻撃から79年となった2020年12月8日、長岡市で打ち上げられた鎮魂の花火『白菊』。

新潟《にいがた》 戦争《せんそう》の記憶《きおく》

2021(令和3)年8月15日　初版第1刷発行

発行所／新潟日報社
発売元／新潟日報事業社
〒950-8546　新潟市中央区万代3-1-1 メディアシップ14F
TEL 025-383-8020　FAX 025-383-8028
http://www.nnj-net.co.jp
印　刷／株式会社 第一印刷所

定価は裏表紙に表示してあります。
落丁・乱丁本はお取り替えいたします。
ISBN978-4-86132-779-7